AF361115

VUES
SUR LA RÉFORMATION
DES LOIX CIVILES,

Suivies d'un plan & d'une classification de ces Loix ;

Par PIERRE JEAN AGIER, Président du Tribunal du 2ᵉ Arrondissement du Département de Paris.

Les Loix civiles seront revues & réformées par les législatures ; & il sera fait un code général de loix *simples*, *claires*, *ET APPRO-PRIÉES A LA CONSTITUTION*. Loi du 24 août 1790. tit. 2. art. 19.

A PARIS,

Chez LE CLERE, Libraire, rue Saint-Martin, près celle aux Ours, Nᵒ. 254.

1793.

AVERTISSEMENT.

L'ASSEMBLÉE législative, par un décret
rendu dans ses premières séances, a invité
tous les citoyens, même les étrangers, qui
auroient des vûes sur un bon système de
loix civiles, à les lui communiquer. Comme
citoyen, comme homme de loi, comme
juge, j'ai dû prendre plus particulierement
pour moi cette invitation, & j'ai dès-lors
cherché à rassembler quelques idées dont
j'étois occupé depuis long-tems, & qui
me paroissoient utiles. Les fonctions de
ma place, & le peu d'apparence que la
dernière législature pût s'occuper de ce
travail, m'ont bientôt mis dans le cas de
l'interrompre. J'y suis revenu depuis la dernière révolution, & je l'offre maintenant
à la convention nationale.

Quoiqu'il fût fait à moitié avant le 10
août, je n'ai pas cru devoir y rien changer.
Ainsi l'on ne sera point étonné de n'y pas
trouver peut-être une seule fois, en parlant

de notre gouvernement , le mot de république ; mais j'espère qu'on y trouvera les principes républicains. J'ai toujours regardé la dernière constitution (malgré les dénominations, qui ne font rien) comme vraiment républicaine , comme la plus républicaine sans contredit qu'il y eût en Europe , & la monarchie héréditaire comme un corps étranger dont elle devoit se débarrasser tôt ou tard ; les évènemens & la perfidie mal-adroite du dernier roi n'ont fait que hâter cette crise. Je devois donc parler alors , à-peu-près comme l'on parle aujourd'hui : du reste , je conviens que les idées de liberté & d'égalité s'adaptent plus parfaitement à notre gouvernement actuel ; les vérités que j'ai exprimées dans cet écrit , n'en auront que plus de force.

18 Février 1793 , l'An IIe. de la république française.

VUES

SUR LA RÉFORMATION DES LOIX CIVILES.

LEs loix civiles ont deux ou trois objets principaux :

Les succeſſions *ab inteſtat ;*

Les diſpoſitions, ſoit entre-vifs ou à cauſe de
mort ;

Et les droits des conjoints, que pluſieurs de
nos coutumes appellent *droits appartenans à gens
mariés.*

C'eſt particulièrement ſur ces importans objets que les légiſlatures ſont appellées à former
*un code général de loix ſimples, claires, ET
APPROPRIÉES A LA CONSTITUTION* (*). Ce

_____

(*) Loi du 24 août 1790, concernant l'organiſation judiciaire, *tit.* 2. *art.* 19.

A 3

dernier mot eſt d'un grand ſens ; il impoſe aux légiſlateurs une condition qu'ils ne peuvent remplir ſans des recherches exactes & une méditation profonde.

C'eſt auſſi particulièrement ſous ce rapport, digne d'un peuple régénéré, que j'eſſaierai d'enviſager les loix civiles. Je parlerai dans un premier paragraphe des ſucceſſions & des diſpoſitions. Je traiterai dans un ſecond des droits des conjoints. J'ajouterai dans un troiſième ce qui regarde les droits des enfans & ceux de leurs père & mère, ainſi que les tutèles & curatèles ; matière d'un moindre intérêt que les précédentes, mais qui a une grande analogie avec elles, & qui mérite auſſi quelque application.

§. I.

Succeſſions - Diſpoſitions.

Le fondement de la Conſtitution françoiſe eſt l'égalité ; non ſans doute l'égalité de fortunes, qui n'exiſte point parmi nous, qui n'exiſta jamais dans une grande ſociété, qui ne peut pas y exiſter un ſeul jour, qu'enfin l'on ne ſauroit tenter d'y établir, ſans occaſionner un bouleverſement général, ſans violer en même-tems toutes les règles de la juſtice.

L'égalité dont il s'agit ici, eſt uniquement

l'égalité de droits civils & politiques ; égalité qui , en impofant à tous les citoyens les mêmes devoirs , en les foumettant aux mêmes peines , en les appellant aux mêmes récompenfes , aux mêmes honneurs, aux mêmes emplois, n'admet entr'eux d'autre diftinction que celle des vertus & des talens, ni d'autre fupériorité que celle du fonctionnaire public dans l'exercice de fes fonctions.

Quoique cette feconde égalité foit très-diftincte de la première , il faut pourtant avouer qu'elles ont enfemble de grands rapports , & que , dans un gouvernement parfait , tel qu'on pourroit peut-être le donner à un peuple neuf, borné dans fa population & fon territoire, l'une des deux ne marcheroit pas fans l'autre. Ces deux chofes en effet fe prêtent un appui mutuel; féparées , elles n'ont plus la même force. La difproportion des richeffes tend toujours , par fa pente naturelle, à introduire celle des droits ; les riches , dans tous les pays , font ariftocrates, ou fort tentés de le devenir.

D'ailleurs le plus ferme foutien des loix dans une conftitution libre , ce font les mœurs ; & les mœurs n'ont point de plus grand ennemi que l'inégalité des biens, pouffée à un certain terme. Cette inégalité fuppofe les richeffes & la pau-

vreté , & avec elles tous les vices qu'elles ame-
nent infailliblement à leur suite. D'un côté , l'or-
gueil , l'oisiveté , la mollesse , la dissipation , la
cupidité , l'avarice ; de l'autre , l'ignorance , la stu-
pidité , la bassesse , ou la férocité , la barbarie. Les
vertus seules paroissent étrangères à cet état de
choses ; elles sont les compagnes de l'heureuse
médiocrité.

Ce que j'infère de-là n'est pas , je le répète,
qu'il faille établir l'égalité des fortunes (c'est chose
impossible)', mais qu'il faut chercher à s'en rapprocher ; que la meilleure loi est celle qui s'en
écarte le moins ; que le législateur doit tendre perpétuellement à ce but par tous les moyens qui
sont en son pouvoir ; sur-tout qu'il doit être at-
tentif à ne pas accroître l'inégalité par ses propres
opérations. Voilà , en matière de transmission de
biens , quelle doit être la boussole du législateur.

En examinant les causes qui entretiennent parmi
nous une disparité si monstrueuse , on ne peut
contester l'influence des deux objets qui nous occupent en ce moment , les *successions* & les *dispositions*.

Un pere meurt , laissant de grands biens &
un fils unique. Ce fils hérite de tout. Il meurt
lui-même sans enfans , & toute sa fortune passe

à un collatéral , qui peut - être déjà nage dans l'opulence. C'est ainsi , que par la voie des *succeſſions* , le bien ſe concentre dans une ſeule main.

Au contraire , un pere de famille peu aiſé laiſſe après lui un grand nombre d'enfans. Son modique héritage ſe partage entr'eux ; il ſe diviſe encore , & ſe ſubdiviſe dans les degrés ultérieurs , juſqu'à ce que , par le progrès interminable des fractions , il s'anéantiſſe & diſparoiſſe , pour ainſi dire. De-là l'inégalité portée à un point extrême , & d'autant plus intolérable , qu'elle eſt l'ouvrage de la loi.

Ce n'eſt pas tout ; l'homme vient mêler ici ſes diſpoſitions , & contribue en ſa manière à accroître cette inégalité. Un donateur , un teſtateur dépouille une famille pauvre pour enrichir des étrangers qui ſouvent n'en ont pas beſoin , mais qui ont ſû capter ſa bienveillance ; quelquefois même des êtres qu'il ne connoît point du tout , qui n'exiſtent pas encore dans la nature , & au profit deſquels ils crée des ſubſtitutions.

Par-tout, la loi ſemble conſpirer avec l'homme & l'homme avec la loi , pour anéantir l'égalité que réclame notre intérêt commun.

Et remarquez , je vous prie , que parmi les cauſes d'inégalité, celles-ci ſont les plus odieuſes. L'agriculture, le commerce, tous les moyens hon-

nêtes d'acquérir, occafionnent fans doute des dif-
férences entre les fortunes. Mais, outre que ces
moyens tournent au profit de la fociété, ils fup-
pofent dans l'individu des qualités eftimables,
telles que l'intelligence, l'application, la fruga-
lité, l'économie. Mais une grande fortune échue
par fucceffion, ou advenue par teftament, que
prouve - t-elle ? Rien, ou des qualités fort équi-
voques.

Il n'eft donc pas douteux qu'un légiflateur fage
ne doive s'empreffer de mettre des bornes à la faculté de fuccéder, & à celle de difpofer, foit entre vifs ou à caufe de mort. Mais jufqu'où s'étend
fon pouvoir en cette partie ? C'eft avant tout ce
qu'il faut examiner.

Le pouvoir des loix, en matière de tranfmiffion de biens, ne peut être arrêté que par un feul
obftacle, le droit de propriété ; & ce droit même
doit toujours céder au bien général.

La propriété ne s'étend point au-delà de cette
vie. Ainfi nul propriétaire comme tel, & indé-
péndamment des loix civiles, ne peut tranfmettre
fes biens après lui, foit *ab inteftat* ou par teftament.

D'un autre côté, nulle perfonne au monde
ne peut, abftraction faite des loix civiles, fe dire
propriétaire des biens d'un défunt. Ses enfans

même n'ont pas ce droit. „ La loi naturelle, dit
„ Montefquieu (*), ordonne aux peres de *nourrir*
„ leurs enfans ; mais elle n'oblige pas de les *faire*
„ *héritiers.*

Ainfi, par rapport aux fucceffions & aux teftamens, la puiffance des loix ne connoît pas de bornes.

Il n'en eft pas de même à l'égard des difpofitions entre-vifs. Chacun étant le maître de fon
bien, pouvant le conferver durant toute fa vie,
peut conféquemment auffi l'aliéner, & mettre de
fon vivant un autre propriétaire à fa place. Il
n'a pas befoin pour cela d'emprunter le fecours
de la loi ; il ne fait qu'ufer de fa propriété, dont
la loi refpecte l'exercice, tant qu'il ne compromet
pas les intérêts de la fociété.

Maintenant revenons à l'objet de nos recherches, & en commençant par les fucceffions *ab
inteflat*, voyons de quelle manière le légiflateur
peut empêcher qu'elles n'occafionnent une trop
grande inégalité dans les fortunes.

Le problême fe réduit à ceci : trouver un moyen
qui, fuppléant aux irrégularités de la nature, donne
des enfans à ceux qui n'en ont pas ou n'en ont
point affez, & en ôte à ceux qui en auroient
un trop grand nombre.

______

(*) Efprit des loix, liv. XXVI, ch. 6.

Ce moyen eſt découvert depuis long-tems. Il étoit connu, il étoit pratiqué chez tous les peuples anciens, chez nos peres même avant l'introduction du régime féodal, & il n'a ceſſé qu'à cette époque d'être en uſage parmi eux. Ce moyen eſt l'Adoption, ſupplément heureux, & conſolante imitation de la nature. Par elle, un enfant ceſſe d'appartenir à la famille qui lui a donné le jour, & paſſe dans une autre qui lui étoit étrangère. L'une eſt ſoulagée, l'autre s'enrichit. Ainſi le niveau ſe rétablit entr'elles : voilà la ſolution deſirée.

J'ai dit que l'adoption étoit connue de tous les peuples anciens, & l'on ſait en effet combien elle étoit fréquente, non pas ſeulement chez les Romains, dont l'hiſtoire en offre des exemples, pour ainſi dire, à chaque page, & qui nous ont laiſſé ſur cette matière un corps de légiſlation complet; mais chez les autres peuples de l'antiquité, tels que les Grecs, les Égyptiens, les Aſſyriens, les Hébreux (1).

J'ai ajouté que nos pères même n'en ont point ignoré l'uſage, & ce fait eſt conſtant par leurs annales, auſſi-bien que par leurs loix & les formules qui s'y rapportent. Le ſymbole ordinaire de l'adoption étoit chez eux la tradition des armes ; c'eſt ainſi que les rois d'alors aſſuroient leur couronne à un succeffeur qui n'étoit pas leur fils (2).

J'ai encore obfervé que l'adoption avoit ceffé en France lors de l'établiffement des fiefs; la raifon en eft fenfible.

Pour adopter avec effet, il faut pouvoir tranf-mettre fes biens. Or les fiefs n'étoient pas tranf-miffibles, au moins d'une manière abfolue. Ils ne l'étoient point du tout, avant qu'ils devinffent héréditaires. Depuis l'hérédité, ils ont pû être tranfmis, mais feulement aux defcendans du vaf-fal, premier invefti, fubfidiairement à fes colla-téraux; règle qu'on a étendue par la fuite aux autres biens, aux biens cenfuels, qui ont été regardés comme des émanations des fiefs. De-là l'affectation des propres, les réferves coutumières, & l'impuiffance légale de faire un héritier. *Infti-tution d'héritier n'a lieu*, difent nos coutumes; & elles difent auffi, *adoption n'a lieu*, (*) ce qui dérive du même principe.

Il eft certain, comme je l'ai remarqué, que l'adoption n'a ceffé chez les François que par l'établiffement du régime féodal. Ufitée fous la première race, elle difparoît entièrement fous la

______

(*) Châtellenie de Lille, *ch.* 13. *art.* 4. Oudenarde, *rub.* 20. *art.* 3.

seconde (3) ; & c'eſt préciſément l'époque où
le régime des fiefs , ſeulement ébauché dans
les temps antérieurs , a pris toute ſa conſiſtance
par l'hérédité que laiſſèrent introduire les foibles
ſucceſſeurs de Charlemagne.

Puiſque l'adoption n'a été proſcrite qu'à raiſon
de l'établiſſement du régime des fiefs , il en réſulte une conſéquence précieuſe ; c'eſt qu'aujour-
d'hui que le régime des fiefs eſt aboli , l'adoption
doit être permiſe. Nos coutumes diſoient ſous le
règne de la féodalité , *adoption n'a lieu* ; aujour-
d'hui qu'il n'exiſte plus de féodalité , la loi doit
dire , *adoption a lieu.*

Autrement nous ſommes en contradiction avec
nous-mêmes ; nous faiſons ſurvivre l'effet à la
cauſe , & après avoir déclaré tant de fois que nous
voulions extirper , anéantir juſqu'aux moindres
fibres de la féodalité , nous la laiſſons ſubſiſter
dans un de ſes réſultats les plus frappans.

Faut-il , pour intéreſſer en faveur de l'adoption, développer ſes avantages ? Eſt-il une loi faite
par les hommes , qui en préſente de plus grands ?
Quel puiſſant motif d'émulation pour une jeuneſſe
bien née ; pour des parens pauvres , mais vertueux;
pour des enfans même qui , appellés à une hau-
te fortune , négligent trop ſouvent d'acquérir
les qualités qui peuvent les en rendre dignes , &

les mettre à portée d'en bien ufer ! En même temps , quelle douce confolation pour le vieillard fans famille , & pour le père bien plus malheureux , réduit à gémir de celle que Dieu lui donna dans fon couroux ! Quel riche fupplément à l'autorité paternelle ! Quelle arme impofante pour la faire refpecter , & pour contenir les enfans dans le devoir !

Heureufe inftitution , à laquelle l'antiquité dut tant de grands hommes ; qui , par la réciprocité des bienfaits & de la reconnoiffance , doit donner l'effor à tant de généreux fentimens ; qui , fondée fur la vertu , ne peut qu'imprimer aux mœurs une tendance néceffaire vers le bien ; qui , introduifant fur la terre un nouveau commerce de bienfaifance, unit les individus & les familles par un lien d'autant plus fûr , qu'il eft l'effet du choix , non d'un choix aveugle dicté par l'intérêt ou la paffion ; comme il arrive trop fouvent dans les mariages , mais d'un choix pur , défintéreffé , vertueux , conduit par la bienveillance & par l'eftime.

Je crois, avec un membre de l'affemblée conftituante , dont j'ai fouvent ici employé les expreffions (4) , qu'il n'eft point de loi qui honore plus l'efpèce humaine, ni dont la fociété puiffe tirer un plus grand parti.

Pour ne parler que de l'effet qui nous occupe

en cet inftant , connoiffez-vous un moyen plus propre que l'adoption pour tempérer cette prodigieufe inégalité de richeffes , fource abondante & prefque unique des maladies du corps focial ? Une famille a beaucoup d'enfans , de la vertu, & peu de fortune ; une autre réunit de grands biens , mais n'a point d'enfans , ou ceux qu'elle a, corrompus d'avance par l'idée feule de l'opulence qui les attend , n'annoncent que des inclinations vicieufes : c'eft-là , il faut l'avouer , le train ordinaire de la vie. Etabliffons l'adoption. La famille riche emprunte à la famille pauvre ce qui lui manque ; elle lui demande des enfans , qu'elle admet à la participation de fes richeffes , & qui lui apportent en retour leur bonne éducation, leurs vertus , avec l'hommage d'une éternelle gratitude. Vous voyez tous les inconvéniens difparoître : mais , à la place , que d'avantages ! D'abord voilà des individus fouftraits à la pauvreté, & mis en poffeffion de l'aifance. Leur changement d'état augmente le bien-être de leurs freres & fœurs ; car , n'étant plus de la famille , ils ne partageront pas avec eux. S'ils en trouvent (des freres & fœurs) dans leur famille adoptive , ils partageront avec ceux-là ; & c'eft un autre bien , puifqu'il en réfulte pour ces derniers une diminution d'opulence. Ainfi , du même coup , l'adoption fait trois grandes

chofes

chofes pour nous rapprocher de l'égalité. Elle étend les faveurs de la fortune fur un plus grand nombre de perfonnes; elle diminue l'opulence des riches, & elle accroît l'aifance des pauvres.

J'aime à penfer que cette bienfaifante inftitution, fi elle étoit naturalifée parmi nous, y porteroit des fruits abondans. Le François né fenfible, facile à exalter, eft plus qu'aucune autre nation propre aux actions généreufes. La conftitution nouvelle qu'il s'eft donnée, prête en tout fens au développement de fon heureux caractère. Le moment actuel, celui d'une liberté naiffante, celui des efforts qu'il faut faire pour la défendre & la confolider, porte encore à tous les grands mouvemens.

Auffi n'y a-t-il pas à douter que cette loi, defirée de tous les fages, & demandée officiellement par un grand nombre de pétitions, ne foit une de celles que nos légiflateurs deftinent à la France régénérée. (*)

Nous pouvons donc dès à préfent la regarder comme·exiftante ; l'adoption va être permife. Mais ce n'eft pas affez. Nous cherchons ici un remede général à un mal général, qui eft l'extrême

____

(*) Voyez entr'autres le journal des débats, féances du dimanche 2 décembre 1792, & du vendredi 15 janvier 1793, du matin.

Vûes fur la réformation.　　　　B

inégalité des fortunes. Or l'adoption , si elle demeure facultative , ne deviendra jamais un remede
général. Beaucoup de gens répugneront à s'en servir. L'insouciance chez les uns, chez d'autres en
plus grand nombre , l'égoïsme, l'avarice , l'attachement à des enfans uniques , & presque toujours si malheureux parce qu'ils sont uniques , la
prétention de conserver dans les familles une
fausse grandeur que la Constitution ne connoît
plus , mais dont elle n'a pas éteint le dangereux
souvenir , mille passions , mille préjugés oppose-
ront autant de barrières aux intentions sages du
législateur.

D'ailleurs, & il ne faut pas se le dissimuler ,
l'adoption laissée au caprice des particuliers , peut
fort bien , quant à nos vûes , être plus préjudiciable qu'utile ; elle peut accroître l'inégalité des
fortunes , au lieu de la diminuer. On emploiera
ce moyen , pour exclure une partie des héritiers
légitimes , & concentrer toute la succession dans
la main d'un seul , peut-être déjà riche ; on fera
un enfant adoptif , comme on fait aujourd'hui
un héritier par testament ou un légataire uni-
versel.

Il ne suffit donc pas d'autoriser l'adoption ; il
faut l'ordonner & la régler.

Je demande que tout homme sans enfans ,

ayant aſſez de bien pour en élever trois , ſoit dès-lors tenu d'en adopter trois , ſauf le ſeul cas où il auroit trois freres ou ſœurs , ou des neveux & nieces qui les repréſentent ; que celui qui, avec la même fortune , auroit des enfans , mais moins de trois , ſoit également tenu , dans tous les cas , d'en adopter ce qu'il faut pour atteindre ce nombre ; que s'ils meurent ſans avoir ſatisfait à cette obligation , il y ſoit ſuppléé par une délibération de la famille. Voilà ma propoſition.

Je ſens bien qu'elle ne ſera pas du goût de tout le monde. Il eſt ſi difficile de perſuader , ſur-tout à un père qui n'a qu'un fils & qui l'ido-lâtre , que l'intérêt de ce fils exige qu'on lui donne des cohéritiers!

D'autres attaqueront le ſyſtême en général , comme contraire à la liberté , à la propriété , aux affections naturelles , à l'uſage commun des na-tions , au génie particulier de la nation Françoiſe , qui repouſſe , dit-on , tout ce qui eſt gêne & con-trainte.

A cette foule d'argumens , je n'ai beſoin d'op-poſer qu'une ſeule réponſe. La loi n'eſt-elle pas maîtreſſe de régler les ſucceſſions , comme il lui plaît ? Son but principal , en les réglant , ne doit-il pas être de ramener les hommes vers cette éga-lité que réclame ſi impérieuſement l'ordre ſocial ,

& qui eſt dans le vœu de la natnre ? Le moyen pour les y ramener, non pas ſimplement le meilleur, mais l'unique, n'eſt-il pas l'adoption telle que je la propoſe ? Je crois ſur tous ces points avoir démontré l'affirmative. J'ai donc prouvé que mon ſyſtème eſt bon , & doit ſubſiſter , en depit de toutes les objections dont il paroîtroit ſuſceptible.

Sont-elles au fond ſi difficiles à détruire ?

Ce ſyſtème , dites-vous , porte atteinte à la *liberté !* Mais quelle idée avez-vous donc de la *liberté ?* eſt-ce le droit de tout faire , ou ſeulement le droit de faire ce qui ne nuit pas à autrui , ce qui ne bleſſe ni aucun des individus qui compoſent la ſociété , ni , à plus forte raiſon , la ſociété entière.

Ce ſyſtème attaque la *propriété !* Je vous l'ai déjà dit : nulle *propriété* après la mort , & tant qu'elle exiſte , c'eſt-à-dire pendant la vie du propriétaire , elle eſt ſoumiſe à toutes les reſtrictions que comporte le bien général.

Ce ſyſtème contrarie nos *affections naturelles !* Que voulez-vous dire , & qu'appellez-vous en ce moment *affections naturelles ?* Entendez-vous ce ſentiment de pitié , de bienveillance , gravé dans tous les cœurs par la main de la nature , qui porte le riche à ſecourir l'indigent , le fort à protéger le foible ? Ah ! quelle inſtitution parmi les hommes

eſt plus propre que l'adoption, à ſatisfaire ce généreux ſentiment ? Vous entendez, je le vois,
par *affeCtIons naturelles*, ce penchant aveugle
qui nous attache aux êtres que les relations d'origine ont placés autour de nous, & principalement
à ceux qui nous doivent leur exiſtence ; cette illu-
ſion de tendreſſe qui fait que nous nous voyons
en eux, & que pour aſſurer leur bonheur, nous
voudrions les combler de biens ſans meſure.
A Dieu ne plaiſe que je propoſe au légiſlateur
d'étouffer un ſentiment ſi juſte en lui-même, &
ſi néceſſaire. Mais n'a-t-il pas beſoin, ce ſentiment, d'être réglé comme un autre, & plus
qu'un autre, préciſément à raiſon de ſa force ?
Voilà la queſtion. Je crois, moi, que la loi
eſt faite pour éclairer nos penchans, pour les
guider, & non pour les ſuivre inconſidérément
dans leurs écarts. Il faut aimer ſes parens, &
ſur-tout ſes enfans ; mais il ne faut pas, en ſe
trompant ſur les moyens, cauſer leur malheur,
lorſqu'on voudroit faire leur bonheur. Il faut aimer ſa famille, mais plus encore ſon pays, &
craindre d'y introduire la corruption, en pouſſant
à l'excès l'inégalité des fortunes. L'obligation d'a-
dopter, impoſée aux riches, n'a point d'autres
bâſes.

Ce ſyſtême, obſervez-vous, eſt contraire à

l'ufage commun des nations ? J'en conviens : mais, de bonne-foi, regardez-vous cet *ufage* comme devant nous fervir de règle ? *L'ufage commun des nations* eft d'être efclaves, état qui s'accommode fort bien de l'inégalité des fortunes. *L'ufage commun des nations* eft d'être gouvernées par des tyrans, qui s'embarraffent fort peu de quelle manière les biens fe diftribuent entre ceux qu'ils appellent leurs fujets ; pourvû qu'eux, par toutes fortes de voies, directes ou indirectes, ils puiffent en attirer dans leurs mains la plus grande part poffible. Qu'on examine les lois des fucceffions dans ces pays. Elles font l'ouvrage du hazard. Aucun plan, aucun deffein qui les rapporte à un point fixe, fur-tout à un but d'utilité générale. Il femble que les rédacteurs aient eu en vûe de prévenir feulement les procès, en décidant clairement à qui de Pierre ou de Paul la fucceffion appartiendroit dans un cas donné ; & c'eft beaucoup, s'ils y font parvenus. Comment s'étonneroit-on de cette infouciance à l'égard de la tranfmiffion des fortunes particulières, lorfque dans ces pays la puiffance publique elle-même, d'où dépend le bonheur ou le malheur du peuple entier, n'y eft pas départie d'une manière plus fage ? Elle appartient à un feul dans les monarchies abfolues, & ce feul individu qui tient dans fa main les deftinées de plufieurs millions d'hommes , eft défigné par le fort : la royauté y eft déférée fuivant le caprice des naiffances, qui donne au peuple pour maître tantôt un enfant , tantôt un imbécille , quelquefois un monftre , prefque toujours un homme fans caractère ou corrompu par le vice de fon éducation. Et ce font-là les loix que vous ofez nous préfenter pour modèles ! Certes , il n'a pas fallu de grands efforts pour les trouver. Je ne vois pas que nous ayons befoin des fecours de l'art dans nos inftitutions, fi nous voulons fuivre en tout le cours irrégulier de la nature ; il me femble au contraire que, foit au moral , foit au phyfique , l'art n'eft néceffaire que pour corriger ces irrégularités.

Ceffez donc de m'oppofer *l'ufage commun des nations*. Je parle même de celles qui fe qualifient *nations libres:* d'abord, parce qu'aucune, hors les états unis de l'Amérique , n'a proprement de conftitution ni conféquemment une vraie liberté ; enfuite , parce que leurs légiflateurs , uniquement occupés de régler d'une manière quelconque la forme du gouvernement, n'ont pas pris la peine de refondre les loix réglementaires , & de les affortir au genre de police qu'ils établiffoient. Tous les légiflateurs anciens , celui de Sparte excepté , ont eux-mêmes commis cette faute ; & les politiques nous la préfentent comme une des caufes de la décadence plus ou moins prompte des républiques qu'ils avoient fondées. Que leur exemple nous ferve de leçon. Nous fommes en un fens plus heureux qu'eux, à raifon même de l'excès des maux qui ont occafionné notre révolution. La plûpart des peuples, au moment où ils ont brifé leurs fers, avoient des loix fupportables ; ils ont cru en conféquence qu'ils pouvoient n'y pas toucher. Les nôtres font d'un caractère différent, fur-tout à caufe de leur étrange multiplicité, qui rompt l'unité du corps politique ; & c'eft ce qui a fait fentir la néceffité d'une refonte. Puifqu'elle eft indifpenfable, ayons le courage de la faire ; mais faifons-la fenfément, & avec rapport au grand objet qui doit dominer toutes nos inftitutions. Que nos loix foient non-feulement fimples, claires, précifes ; mais dignes d'un peuple libre, dignes d'un peuple de freres, & en un mot APPROPRIÉES *à notre conftitution* ; c'eft le moyen de la rendre immortelle

J'ai une dernière objection à réfoudre ; vous appréhendez que le fyftême de l'adoption forcée ne répugne *au caractère François*, qui eft, felon vous, *ennemi de la contrainte*. Vaine terreur ! En premier lieu, vous fuppofez que la nation Françoife a un *caractère*, & c'eft au moins une queftion. Sans doute, & nous devons l'efpérer, fa nouvelle conftitution va lui donner un caractère.

Mais, quant à préfent , confultez les philofophes , interrogez fur-tout les étrangers ; ils vous diront que la nation Françoife n'a point de caractère. En fecond lieu , vous prétendez que le caractère François eft *ennemi de la contrainte*. Eh ! quel peuple fur la terre a plus long-temps & plus patiemment enduré des *contraintes* de toute nature ? contraintes dans fa liberté politique & civile , contraintes dans les fortunes par l'affujettiffement à des impôts arbitraires , contraintes dans le culte, contraintes dans le commerce & l'induftrie , contraintes dans la communication des penfées. Il eft vrai , & c'eft ce qui peut faire illufion , il eft vrai que nos defpotes , en nous enchaînant fur tous ces objets , nous laiffoient libres à l'égard des autres auxquels leur tyrannie n'étoit pas intéreffée ; à - peu - près comme des enfans qu'on laiffe courir & s'ébattre dans un certain efpace , en même temps qu'on leur interdit *pour leur bien* toute excurfion hors du lieu déterminé. Mais la révolution doit à cet égard changer nos idées. Il n'exifte point de liberté fans quelque efpèce de gêne ; la différence n'eft que dans les objets. Voulons-nous être libres de cette liberté qui n'eft que la licence & le libertinage ? Nous n'avons pas befoin de mœurs ni d'égalité ; la difproportion des fortunes eft pour nous chofe indifférente. Voulons-nous être libres comme les Grecs & les Romains ? Oh ! dès-lors les mœurs & l'égalité font néceſſaires ; la difproportion des fortunes eſt une gangrène dans le corps focial, & là commence la néceſſité d'adopter.

Remarquez, s'il vous plaît, qu'en impofant cette obligation aux riches, je n'entends pas qu'on les aftreigne perfonnellement à fe donner des enfans par adoption. Si l'injonction s'étendoit jufqu'à ce point, je conçois qu'on pourroit lui reprocher de contraindre la liberté naturelle. Mais non, il ne s'agit point de cela ; chacun de fon vivant adoptera ou n'adoptera pas, felon fa fantaifie : feulement, s'il meurt fans l'avoir fait, la loi fe mettant à fa place, lui donnera des enfans adoptifs, comme elle donne des héritiers à ceux qui n'ont pas fait de teſtament. Par-là tout eſt concilié ; le but du légiſlateur eſt rempli, fans porter atteinte à la liberté de l'individu.

Loin que je redoute le choc de ce qu'on appelle ici caractère François, je penfe qu'aucun peuple vieux & qui entreprendroit de fe régénérer, ne préfente au réformateur des difpofitions plus favorables. Notre corruption eſt extrême, mais fans attache conſtante à un objet déterminé ; ce qui la rend plus guériſſable. Notre manque de caractère nous prépare à recevoir toutes les formes qu'une main

habile voudra nous donner. Les lumières plus
vives, plus répandues que jamais, ne permettent
pas qu'une vérité utile, préfentée avec clarté, ne
foit généralement faifie. En faut-il une autre
preuve que l'étonnante révolution qui s'eft opérée
parmi nous? Que de paffions & d'intérêts n'avoit-elle
pas à combattre ! Que de préjugés à détruire !
Que d'habitudes à déraciner ! Que de réfiftances à
vaincre ! La révolution a triomphé de tout cela;
elle a tout renverfé, anéanti en moins de quatre
années, & malgré les maux inféparables d'un
tel boulverfement, la grande majorité du peuple
François contente de fa pofition, paroît réfolue
de périr plutôt que de la changer. Tant il eft
vrai que le légiflateur peut tout avec un pareil
peuple, & n'a rien à craindre que de refter au-
deffous de fes hautes deftinées !

Enfin (& ce mot ci ne fouffrira pas de ré-
plique) là où la nation eft fouveraine, & toute - puiffante par conféquent, une loi ne peut
manquer d'être bien accueillie, vigoureufement
défendue, ponctuellement exécutée, lorfqu'elle
convient aux intérêts de la majorité de la nation.
On a parlé de loi agraire ; on a craint que le
peuple, égaré par des agitateurs, ne demandât
le partage des biens-fonds, & j'ai vû des poffef-
feurs de terre affez peu fages pour fe livrer férieu-

fement à ces allarmes. Ils ne vouloient pas ap-
percevoir que , fort heureufement pour eux , ce
partage n'aboutiroit à rien , parce qu'il ne procureroit
à chacun qu'une très-petite portion de terre , in-
fuffifante pour le faire vivre , & que la plûpart
feroient obligés de revendre (5) ; enforte que ,
pour maintenir la répartition , il faudroit la recom-
mencer tous les jours. S'il en étoit autrement ,
croyez-vous que le partage ne s'effectuât pas fur le
champ , comme autrefois à Lacédémone (6) ?
Eh ! quelle force au monde pourroit l'empêcher ?
Mais ce qui eft impraticable par un partage
fubit & immédiat , devient pratiquable par la
voie lente & progreffive de l'adoption. L'adoption
eft la véritable loi agraire d'un grand état ; c'eft
le feul moyen d'admettre les pauvres en participation de l'aifance des riches : & comme , dans
tout pays , les premiers font incomparablement
plus nombreux que les feconds , il n'eft pas douteux
que cette loi , par-tout où elle fera propofée ,
ne réuniffe en fa faveur les fuffrages du plus grand
nombre.

Je la fuppofe reçue , & je paffe à fon exécution.
Une première queftion fe préfente. Il s'agit de
déterminer à quel point commence la néceffité
de l'adoption , c'eft-à-dire quelle fortune eft
cenfée fuffifante pour faire fubfifter , & confé-

quemment pour adopter un , deux , ou trois enfans. C'eſt ſur quoi il faut s'attendre à une grande
diverſité d'avis , chacun devant répondre, non
d'après ſes beſoins naturels qui ſont les mêmes
pour tous , mais d'après les beſoins factices que
l'éducation & l'habitude lui ont donnés. Si
l'on conſulte , par exemple , les hommes peu
aiſés , & particulièrement les gens de la campagne , ils demanderont infiniment peu. Si l'on
interroge au contraire les habitans des villes , & ,
parmi eux , ceux accoutumées à vivre dans l'opulence, ils exigeront beaucoup , & pluſieurs croiront
que l'on n'accorde jamais aſſez. Comment trouver
un moyen terme entre de pareils extrêmes ? Dans
l'impoſſibilité d'y parvenir , j'ai cru devoir me
rapprocher de celle des deux claſſes qu'il eſt plus
mal-aiſé de ſatisfaire ; auſſi-bien ce n'eſt point à
la campagne , ni dans la claſſe laborieuſe de
la ſociété que l'adoption a beſoin d'encourage-
ment.

Je propoſe que toute perſonne qui n'a point
d'enfans , ni des frères & ſœurs au nombre de
trois pour le moins , ou des neveux & nièces
qui les repréſentent , ſoit tenue de ſe donner un
enfant adoptif , ſi elle a en biens-fonds 800 liv.
de revenu net non-viager , ou en quelques biens
que ce ſoit 1200 liv. de pareil revenu. Je ne

penfe pas , comme je le dirai ci-après , qu'un tel revenu foit néceffaire pour élever , ni même pour doter un enfant : mais le propriétaire peut avoir des fervices à récompenfer , des amis à gratifier , & il ne faut pas lui ôter les moyens de fatisfaire un fentiment fi légitime. Par la même raifon , s'il eft marié , je veux que la quotité de revenu qui l'oblige d'adopter un enfant , foit double , c'eft-à dire de 1600 liv. en biens-fonds , & de 2400 liv. en tout autre bien. Voilà pour les perfonnes qui n'ont point d'enfans.

Ceux qui en ont , demandent d'être traités avec plus de ménagement. L'amour paternel a de grands droits. Un père ne veut pas feulement affurer la fubfiftance de fon enfant ; il veut lui procurer l'aifance , & nous devons approuver, refpecter ce defir que la nature imprima dans fon âme. Si donc nous exigeons d'un homme ayant des enfans , qu'il en augmente le nombre par la voie de l'adoption , ce ne fera que , lorfque la fortune qu'il doit leur laiffer dépaffe vifiblement le taux qui paroît néceffaire à leur bien - être. D'après ce principe , j'eftime qu'une perfonne qui, ayant deux enfans , fe trouve poffeder en biens-fonds 18000 liv. de revenu net non - viager , ou en quelques biens que ce foit , 27000 liv. de pareil revenu , doit être tenu d'adopter un troifième enfant ; que celui qui n'ayant qu'un feul enfant jouiroit d'un revenu net de 12000 liv. ou de 18000 liv. dans les qualités ci-deffus, doit être tenu d'adopter un deuxième enfant ; mais que ceux dont la fortune n'atteindroit pas ces proportions, quoique n'ayant qu'un feul enfant, ne doivent être obligés d'en adopter aucun : & dans cette claffe, il faut ranger les perfonnes qui n'ayant point d'enfant naturel ou légitimé, auroient adopté un enfant pour fatisfaire à la loi. Il me femble que cette fixation concilie l'intérêt de la fociété avec le vœu de la nature.

Pour s'affurer que ces difpofitions feront pleinement exécutées, je demande que, lorfqu'un citoyen mourra fans laiffer trois enfans, ou trois frères & fœurs, ou leurs repréfentans, les fcellés foient mis fur fes effets, & ne puiffent être levés qu'en préfence du procureur de la commune, ou d'une perfonne par lui commife : l'inventaire conftatera fi le défunt étoit dans les termes où la loi oblige d'adopter ; & dans ce cas, le procureur de la commune fera tenu de convoquer la famille fans délai, à peine de répondre des pertes qu'occafionneroit fa négligence.

Je n'entre point dans le détail des règles de l'adoption ; elles font l'objet d'une loi à part (*).

____

(*) Voy. ci-après, pag.

Au moyen de cette grande inftitution qui donne à tout citoyen des enfans , on fent qu'il ne doit plus être queftion ni de fucceffion directe afcendante , ni de fucceffion collatérale (hors le cas excepté) ; & ce n'eft point un mal en politique. Ces fucceffions font contre l'ordre de la nature, ou au moins de la raifon ; les biens doivent paffer inceffamment d'une génération à l'autre pour la vivifier , la féconder , au lieu de refluer vers leur fource ou de fe répandre infructueufement dans les canaux parallèles.

Il refte à expliquer ce que deviendra la dépouille de ceux qui mourront fans enfans, ni frères & fœurs , ou repréfentans de frères & fœurs , habiles à leur fuccéder, & fans fortune fuffifante, felon la loi , pour qu'il leur foit donné des enfans adoptifs. Ils pourront , à leur volonté , en faire des donations & des legs ; ils pourront , quoique la loi ne les y aftreigne pas , & s'ils croient en avoir les moyens , fe donner des enfans adoptifs. Mais s'ils n'ont point difpofé d'une manière ou d'autre de leur fucceffion , j'eftime qu'elle doit être dévolue à la caiffe des pauvres du département , pour le produit en être diftribué aux familles pauvres, parmi lefquelles on préféreroit , comme de raifon , les pauvres parens du défunt. J'aime mieux ce mode de répartition que

le

le cours actuel & purement fortuit des successions légitimes, qui souvent défère l'hérédité à un parent riche, tandis que d'autres qui auront le malheur d'être plus éloignés seulement d'un degré, se trouvent exclus, & demeurent abîmés dans la plus profonde misère.

Telles sont mes idées sur les sucessions *ab intestat*. Je crois qu'elles remplissent les conditions desirées; elles me paroissent *claires*, *simples*, & sur-tout *appropriées à notre constitution*. Venons maintenant aux dispositions entre - vifs & testamentaires.

Nous n'avons plus ici les mêmes obstacles à vaincre; nous n'avons plus à lutter contre le cours irrégulier de la nature, qui, dispensant les naissances au hasard, concentre ou divise les fortunes avec un égal excès. Nous n'avons affaire qu'à la volonté de l'homme qui, ne pouvant rien que par la loi, ne fera rien que de sage, ou du moins rien de pernicieux, si la loi veille sur lui, & daigne prévenir ses écarts.

Le premier soin à prendre, est de le mettre dans l'impuissance de disposer avant l'acquittement de ses dettes : *nemo liberalis*, *nisi liberatus*. Or entre les dettes qu'un homme peut avoir à sa charge, une des plus sacrées est sans doute

Vûes sur la réformation.   C

d'aſſurer l'exiſtence de ceux auxquels il a donné le jour , ou dont l'adoption l'a rendu le père. Je demande donc qu'on établiſſe pour première maxime , qu'aucune perſonne ayant enfans , ſoit légitimes , ou légitimés , ou adoptifs , ne peut aliéner , engager , ou hypothéquer ſes immeubles , ni diſpoſer à titre gratuit d'aucune partie de ſes biens , au préjudice des alimens dûs à ſes enfans ; même s'il eſt marié , au préjudice des alimens des enfans qui pourront naître par la ſuite de ſon mariage.

Par alimens , j'entends tout ce qui eſt néceſſaire ; non - ſeulement pour nourrir l'enfant , le faire vivre & le faire croître , mais pour lui fournir l'éducation , & enſuite un établiſſement convenables ; car la nourriture n'eſt rien ſans l'éducation , & l'éducation elle-même n'eſt qu'un préſent imparfait , ſi elle ne ſe termine à un établiſſement qui , ſans l'aſſiſtance des parens , eſt pour les meilleurs ſujets , preſque toujours impraticable.

Quelle ſera la quotité des alimens ? Il eſt impoſſible de la fixer ; cela dépend de la fortune des père & mère. Néanmoins , pour leur tranquillité, & plus encore , celle des perſonnes qui pourroient traiter avec eux , il convient de déterminer un certain taux , au-delà duquel les alimens ne puiſſent pas être arbitrés. Je propoſe pour *maximum* une rente de 400 livres, remboursable, lors de l'établissement de l'enfant, ou lors de sa majorité, d'une somme de 10,000 livres. C'est peu de chose, eu égard aux fortunes considérables ; mais il ne s'agit en ce moment que du strict nécessaire. La loi angloise fixe ces alimens encore à moins, quoiqu'en Angleterre les denrées soient depuis long-tems beaucoup plus chères qu'en France ; elle fixe ces alimens à 20 schelings ou 1 livre sterling par mois, ce qui fait à peu près 12 louis par an (*).

Pour prévenir les recherches déplacées, les père & mère peuvent d'avance faire constater par une délibération de famille, ou que l'enfant n'a point d'alimens à demander, comme ayant du bien sur lequel il peut s'alimenter lui-même, ou que les alimens lui ont été fournis d'une manière convenable. Cette délibération, homologuée par le tribunal de district, contradictoirement avec l'enfant, s'il est majeur, ou avec son subrogé tuteur, s'il est encore en minorité, formeroit obstacle à toute réclamation de sa part.

Les enfans, quels qu'ils soient, ont droit aux alimens, avec cette différence que les enfans légitimes, soit naturels ou adoptifs, ont hypo-

____

(*) Blackstones, *tom. 2. chap. 8.*

C 2

thèque pour leurs alimens du jour du contrat ou de la célébration du mariage , ou du jour de l'adoption , au lieu que les autres n'ont hypothèque pour le même fait , que du jour où leur filiation a été reconnue par acte authentique , ou déclarée par jugement.

Ce n'est pas assez d'assurer des alimens aux enfans légitimes ; destinés à remplacer leur père dans la société , & à perpétuer la chaîne des générations , ils ont besoin à leur tour d'un patrimoine qui les mette en état de subsister honnêtement , & de faire vivre leur famille. La succession de leur père leur appartient donc ; mais est - il obligé précisément de la leur laisser toute entière ? Non. Quoique des enfans doivent tenir le premier rang dans le cœur d'un père , il est d'autres attachemens légitimes ; on peut avoir des services à reconnoître , ne fûssent que ceux de ses domestiques. D'ailleurs il y auroit trop d'inconvénient à obliger un père de laisser à ses enfans dans tous les cas , la totalité de ce qui doit leur revenir. Les enfans assurés de leur sort invariablement , quelle que fût leur bonne ou leur mauvaise conduite , pourroient oublier leurs devoirs , sans qu'il existât dans la main du père aucun moyen facile & suffisant pour les y ramener. Il est donc nécessaire de borner les droits des enfans , de les dérerminer à une part dans la fucceſſion qui ne puiſſe leur être ôtée , en laiſſant au père la libre diſpoſition du ſurplus ; cette part due aux enfans en vertu de la loi , eſt ce qu'on nomme *légitime.*

Quelle en ſera la meſure ? La coutume de Paris la fixe à moitié de ce qui reviendroit à l'enfant, s'il n'avoit pas été fait de donations entre-vifs ou teſtamentaires ; & , quoiqu'on ait propoſé dans l'aſſemblée conſtituante d'augmenter cette quotité, en la portant aux trois quarts, je penſe qu'elle doit ſubſiſter. Non-ſeulement cette fixation eſt la plus favorable qu'aient jamais obtenue les légitimaires , ſoit dans le droit romain , ſoit dans nos coutumes ; mais elle me paroît auſſi la plus raiſonnable. Il exiſtoit un conflit entre les droits des enfans & l'autorité des pères ; la loi avoit à prononcer ſur ce conflit. Qu'a-t-elle fait ? Elle a tranché le différend par la moitié ; elle a donné moitié aux enfans, & moitié aux pères : c'eſt la manière la plus juſte de décider entre des prétentions qui ſe balancent. Craignons , en voulant faire mieux , de ne réuſſir qu'à diſſoudre les liens d'une ſubordination néceſſaire.

Je ſais que dans un tems de révolution , cette puiſſance laiſſée aux pères , n'eſt pas ſans inconvénient. Ce ne ſont point les pères (il faut l'avouer)

c'eſt-à-dire les vieillards , qui ont fait notre révolution , non plus qu'aucun autre ; ils la déteſtent pour
la plûpart : cette révolution eſt l'ouvrage de leurs
enfans. Il en eſt réſulté des querelles , des diſſen-
ſions entre les uns & les autres , & il eſt à craindre que les premiers ne ſe vengent , en uſant du
droit qu'ils ont de réduire leurs deſcendans à la
légitime. C'eſt aux légiſlateurs d'y mettre ordre
par un règlement de circonſtances. On peut ôter
aux ennemis de la révolution , connus & notés
pour tels , ce pouvoir de diſpoſer dont ils abuſe-
roient ; on peut admettre dans ce cas particulier
l'action *ab irato* , que je tiens d'ailleurs pour il-
légale : il ne faut pas que les enfans de la patrie
ſoient punis de leur dévouement. Mais nous irions
beaucoup trop loin , ſi ce danger du moment nous
portoit à détruire ou à énerver pour jamais le pouvoir des pères. Il viendra un tems où ces jeunes
gens qui ont fait la révolution , & qui la défendent aujourd'hui avec tant de courage , devien-
dront vieillards à leur tour , & emploieront utilement pour le maintien de la liberté , ce pouvoir que la loi mettra dans leurs mains. Quels regrets n'auroient-ils pas alors, ſi par notre inconſidé-
ration ils ſe trouvoient démunis de cette arme ſalutaire ! Il eſt de fait que dans tous les états libres ,
particulièrement autrefois , les vieillards ont joui

d'une très-grande autorité ; l'autorité des vieillards eſt la gardienne des mœurs , la conſervatrice des anciens uſages , & à ce titre même , la protectrice la plus zélée du gouvernement reçu : c'eſt aſſez la recommander à des légiſlateurs qui veulent fonder le bonheur de leur pays ſur une conſtitution durable.

Les alimens des enfans & leur légitime déduits , je ne vois pas ce qui peut empêcher le père de diſpoſer du ſurplus de ſon bien. J'y mets cependant une reſtriction , aſſortie à mon ſyſtême, & qui eſt d'une grande importance ; c'eſt qu'il ne pourra pas diſpoſer en faveur d'un ſeul , ſoit donataire ou légataire , de plus du tiers de cet excédent , ſi ce n'eſt en uſufruit. On apperçoit le but de cette meſure fondamentale en matière de diſpoſitions , qui eſt toujours de mettre obſtacle à l'accumulation des richeſſes. La faculté de donner tout en uſufruit , ſatisfait le deſir qu'auroit un citoyen de procurer une plus grande aiſance perſonnelle à ceux qu'il honore de ſes bienfaits.

Je ne parle point des ſubſtitutions ; il y a long-tems qu'elle ſont proſcrites par toutes les perſonnes éclairées , à l'exception de celle que l'on nomme *exhérédation officieuſe ,* qui eſt moins une ſubſtitution qu'une interdiction , & dont M. Merlin a fagement pofé les règles dans fon projet de décret (7).

Mais je ne vois pas pourquoi M. Merlin voudroit en même tems défendre l'exhérédation proprement dite, l'exhérédation légale. Je conviens que, parmi les caufes de cette exhérédation, il y en a plufieurs qu'on ne peut laiffer fubfifter, telles que l'héréfie, la magie ou l'état de forcier, le cas d'une fille qui auroit eue une foibleffe avant l'âge de vingt-cinq ans, ou celui du fils qui auroit embraffé la profeffion de comédien. Ces caufes particulières doivent être renvoyées au fiècle de Juftinien qui en fut l'inventeur. Mais, à ces exceptions près, les caufes d'exhérédation font de tous les tems; elles font fondées fur des raifons d'équité naturelle & d'ordre public: pourquoi les anéantir? M. Merlin, en fupprimant l'exhérédation, réferve *les peines qui feront*, dit-il, *prononcées contre les enfans deffectueux ou dénaturés*. Mais, relativement à un délit pareil, quelle peine convient mieux que celle-ci; & ne doit-elle pas marcher avant toutes les autres? Oter aux pères le foudre de l'exhérédation, c'eft brifer le reffort de la puiffance paternelle; & je prie qu'on me dife quel eft le pays libre qui ait fû conferver fes mœurs, par conféquent fa liberté, fans l'intervention de cette puiffance.

Je finis par un paſſage de Mably (*), où j'ai
puiſé l'idée de mon ſyſtême, & qui contient en
ſubſtance ce que je viens d'écrire. On a pu par
fois me trouver farouche ; mais on va voir combien
je ſuis loin de ſon inflexible ſévérité.

» Dans un état bien gouverné, le légiſlateur
» établiroit ſans doute des formalités qui gêne-
» roient la vente & l'aliénation des biens. Pour
» conſerver plus d'égalité dans les fortunes, il
» ne permettroit pas que les teſtamens fuſſent
» connus. La loi diſpoſeroit du bien de chaque
» mourant, ou ſi elle lui laiſſoit la faculté de
» diſtribuer à ſon gré ſon mobilier, ce ne ſeroit
» que pour reconnoître le zèle & l'affection de
» ſes ſerviteurs, & faire rentrer ainſi dans la
» claſſe des pauvres quelques richeſſes pernicieuſes
» aux riches. Réglez les degrés de parenté qui
» donneront droit au partage d'une ſucceſſion
» vacante ; mais ne les étendez pas trop loin,
» de peur que des eſpérances trop étendues n'ou-
» vrent l'âme à la prodigalité & à l'avarice. La
» fille unique d'un citoyen porteroit une fortune
» dangereuſe dans la famille de ſon mari ; elle
» en abuſeroit infailliblement, & corromproit
» les mœurs domeſtiques. Pour ſauver ſes mœurs

____

(*) De la légiſlation, *liv. II. ch.* 1 , *pag.* 158 & 159.

» & fauver les mœurs publiques du danger dont
» elles font menacées, qu'elle ne pofsède donc
» que la troifième partie de la fucceffion , &
» que fon père ou fes tuteurs lui donnent deux
» frères adoptifs. Si un homme n'a aucun héri-
» tier, que fon bien n'appartienne pas à l'état,
» qui doit donner l'exemple du défintéreffement;
» que cette fucceffion foit partagée également
» entre les familles pauvres du lieu qu'habitoit
» celui qui la laiffe. Qu'il feroit heureux que les
» riches s'accoutumâffent à regarder les indigens
» comme leurs fils, leurs frères & leurs héritiers!
» Sans entrer dans un plus grand détail, je dis
» en un mot, *qu'une bonne légiflation doit con-*
» *tinuellement décompofer & divifer les fortunes,*
» *que l'avarice & l'ambition travaillent continuel-*
» *lement à raffembler.*

§. II.

Droits des conjoints.

Après les fucceffions & les difpofitions , la loi
n'a rien de plus important à régler que les droits
des époux , qui forment une des principales
manières d'acquérir , & qui d'ailleurs intéreffent
la fociété fous tant de rapports différens. Ce titre
général comprend les dots , la communauté ,

le douaire , & ce qui en tient lieu dans les différens pays ; la puiffance maritale ; les règles à établir fur l'aliénation des biens dotaux , & les engagemens des femmes ; enfin les avantages entre conjoints. Je vais parcourir fucceffivement tous ces objets , & marquer fur chacun ce qui m'a femblé raifonnable.

Dans l'enfance des peuples , les mœurs font fimples , le mariage entraîne peu de charges ; de-là l'inutilité des dots & même de l'admiffion des filles à la fucceffion de leurs parens (8). Loin qu'elles foient obligées d'apporter des dots à leurs maris , ce font au contraire leurs maris qui les dotent (9), & fe chargent de leur fubfiftance pour tous les tems de la vie. Cet ufage produit deux biens ineftimables ; il rend les mariages on ne peut plus faciles , & extrêmement concordans.

Chez un peuple vieux , où le luxe a corrompu les mœurs , & multiplié les befoins , une pareille méthode n'eft plus pratiquable ; il faut que les filles foient dotées.

Quelle doit être en ce cas la conduite du légiflateur ? Doit-il exiger que les filles en fe mariant apportent une dot ? Doit-il au contraire défendre les conftitutions dotales , ou du moins y mettre des bornes ? Il y a des exemples de l'une & l'autre légiſlation, & elles ont trouvé chacune des approbateurs (10). Je crois, moi, qu'elles ne ſont propres toutes les deux qu'à favoriſer le libertinage. Quand les mœurs en ſont venues à ce point, de rendre le mariage onéreux & les dots néceſſaires, ce n'eſt pas par des moyens directs, tels que les injonctions ou les prohibitions, qu'on peut arrêter le mal ; il faut remonter à la cauſe, qui eſt le luxe, & y remédier, ſi l'on peut : tout autre curatif eſt plus pernicieux qu'utile.

Nous laiſſerons donc aux époux le ſoin de régler les dots & leurs autres conventions, comme il jugeront à propos. Mais s'ils n'ont point fait de conventions, la loi en ſuppoſera-t-elle ? Fera-t-elle pour eux un contrat de mariage ?

Je penſe qu'elle le doit, par deux raiſons.

Premièrement, c'eſt l'office propre de la loi, de ſuppléer à l'imprévoyance de l'homme, ſurtout dans l'acte le plus important de la vie. Deux êtres ſe rencontrent ; ils ſe ſont plû mutuellement ; ils s'uniſſent : voilà l'affaire faite, & trop ſouvent elle ſe fait ainſi. Mais cela ne ſuffit pas ; l'engagement a des ſuites : qui ſe chargera d'y pourvoir, de frayer aux dépenſes communes, à l'entretien des enfans, à leur éducation ? Quel fera le fort de cette femme elle-même, mariée fans contrat, & aparemment fans biens ? N'eft-il pas jufte qu'elle ait part à la fortune de fon mari, dont la confervation, l'amélioration doit faire déformais l'objet de tous fes foins ? Quelle fera cette part ? Après la mort du mari, qui affurera fa fubfiftance ? On fe fait ces queftions le lendemain des noces ; & fi la loi, plus circonf- pecte, n'a pas daigné les réfoudre à l'avance, quelle fource empoifonnée de regrets, d'inquiétudes & d'embarras pour les deux époux ! Les hommes, à quelqu'âge qu'ils foient, font des enfans, lorfque la paffion les agite ; heureufement ils ont la loi pour tutrice : c'eft à la loi de veiller pour eux dans le fommeil de leur raifon.

Secondement, je crois utile, même pour ceux qui font des conventions, qu'ils trouvent à cet égard dans la loi une règle & un modèle qu'ils puiffent confulter. Ils ne le fuivront pas dans tous les points, je le fais bien : autrement pourquoi feroient-ils un contrat ? mais ils s'en rapprocheront, & c'eft beaucoup, fi la loi eft jufte & raifonnable. Il y a tant d'arbitraire dans les conventions de mariage, la féduction y exerce tant d'empire, la cupidité s'y joue avec tant d'impudence du défintéreffement & de la bonne-foi ;

que c'eft rendre quelque fervice aux époux , de leur préfenter un fanal qui puiffe les guider , au moins de loin , fur cette mer orageufe , & les préferver des trop grands écarts. L'expérience de tous les pays prouve ce que j'avance ; par-tout où la loi , fuppléant au filence des contractans , a pris foin de régler les conditions du mariage , les époux dans leurs traités fe rapprochent fenfi- blement de fes difpofitions , & deviennent fages de la fageffe même de la loi.

Nous ferons donc un contrat de mariage , à l'ufage de ceux qui n'en veulent point faire ; mais nous le ferons fimple , & tel que la nature nous l'a tracé.

D'abord nous mettrons les charges du mariage au compte du mari. J'ai déja remarqué que cet arran- gement étoit dans les vues d'une faine politique. On peut dire auffi qu'il eft dans l'ordre de la nature. Le mari n'eft pas feulement le chef de la fociété conjugale , il en eft le centre; tout s'y rapporte à lui : c'eft donc à lui d'en fupporter toute la dépenfe. La femme peut fans doute volontairement fe foumettre à y contribuer; mais on ne peut pas l'y contraindre , lorfqu'elle n'a point foufcrit cet engagement , ni fuppléer à fon filence. Ce n'eft pas pour la femme que l'établiffement du mariage eſt formé ; elle-même , au contraire , fait partie de cet établiſſement. Elle entre dans la famille du mari , elle prend ſon nom , elle devient ſa choſe. Comment pourroit-on l'aſtreindre à partager les dépenſes domeſtiques, lorſqu'elle a droit, comme appartenant à la maiſon , d'exiger que l'on ſupporte les ſiennes ? La femme doit ſon cœur & tous ſes ſoins à ſon mari ; elle lui doit aſſiſtance , s'il tombe dans la détreſſe ; mais elle ne lui doit pas ſa fortune : voilà l'exacte verité ſur ce point.

Nous n'avons pas à nous occuper du ſort des enfans après la mort du père ; il eſt réglé par la loi des ſucceſſions.

Reſte à déterminer dans ce même cas la condition de la femme.

Le mariage établit entre les époux une ſociété de vie. On en a conclu dans nos coutumes qu'il devoit exiſter entr'eux une *communauté* de biens ᶜ au moins de ceux qu'ils pourroient acquérir pendant la durée de leur union. Cette méthode a l'avantage d'intéreſſer la femme au bien de la maiſon ; mais elle va trop loin. Il eſt rare qu'une femme contribue pour moitié à l'amélioration des affaires domeſtiques ; il eſt dur que ſes héritiers puiſſent après ſa mort enlever au mari la moitié du produit de ſes travaux. D'ailleurs le mê-

lange des biens , la difficulté de démêler ce qui
eſt propre ou conquêt , meuble ou immeuble ,
de régler les indemnités dûes à chacun des conjoints ou par chacun des conjoints , tout cela
donne lieu à des conteſtations infinies. Je crois
qu'il y a moyen d'attacher une femme à ſes
devoirs, ſans ſe jetter dans de pareils inconvéniens ; mais continuons.

Ce n'eſt pas aſſez d'engager la femme par la
vûe de ſon intérêt au travail & à l'économie ; il
faut encore aſſurer ſa ſubſiſtance après la diſſolution du mariage : car elle peut être ſans biens ;
cela eſt même probable lorſqu'elle a été mariée
ſans contrat , & la part qu'on lui donneroit dans
la communauté , peut ſe trouver inſuffiſante pour
ſes alimens , ſi la collaboration n'a pas été fruc-
tueuſe. Pour parer à cet inconvénient, on donne
à la femme dans nos pays coutumiers un gain
de ſurvie appellé *Douaire* , qui eſt l'uſufruit de
la moitié ou du tiers des immeubles du mari ,
autres que les conquêts de communauté. Cet
avantage me paroît encore mal vu. Il eſt certai-
nement exceſſif , ſur-tout lorſqu'il y a beaucoup
d'enfans. Si la communauté eſt opulente , c'eſt
un double emploi , & une profuſion abſolument
déplacée. Les rédacteurs des coutumes ont trop
oublié , dans la fixation du douaire , quelle étoit

l'ancienne

l'ancienne condition des femmes. Autrefois les femmes n'étoient point dotées par leurs parens; elles étoient même exclues de leurs successions : il falloit donc que les maris pourvûssent à leur subsistance, en leur assignant un douaire qui formoit leur véritable dot , & qui en portoit aussi la dénomination ; le douaire dans nos anciens livres est appellé *dos*. Aujourd'hui les femmes reçoivent des dots de leurs père & mère ; elles en héritent : le douaire n'a donc plus les mêmes fondemens. Néanmoins elles l'ont conservé , de sorte qu'elles réunissent tout le bénéfice de l'ancien droit avec ceux du nouveau. Tant ce sexe s'est prévalu de l'ascendant qu'il a sur nous !

Il est question de juger ses prétentions , d'après la raison & la justice.

Je pense que pour atteindre le double but d'une bonne législation en cette partie, intéresser la femme au ménage & assurer sa subsistance , quelqu'ait été l'évènement de la collaboration , il n'y a rien de mieux à faire que de lui attribuer , lorsqu'elle est mariée sans contrat, une portion virile dans la succession de son mari, ce que nous appellons *part d'enfant*. La femme n'a point à se plaindre d'un tel partage , qui met l'amour conjugal précisément de niveau avec l'amour paternet. Son sort est proportionné au nombre des enfans, & moindre, comme de raison, lorsque la famille est plus considérable. On évite le double emploi de la communauté & du douaire.

Ce même avantage suffit pour intéresser la femme à la prospérité du mari qu'elle partage, sans présenter néanmoins les nombreux inconvéniens de la communauté. On n'a point à y faire cette distinction pénible des différentes natures de biens, des indemnités & des récompenses. Le mari n'est point exposé à perdre de son vivant le fruit de ses travaux ; car la femme n'y prend une part qu'après son décès, & en qualité de survivante. Lui, de son côté, peut ajouter à cette part, comme nous le verrons ci-après, au moyen d'un testament, ou d'une donation confirmée par mort; moyen plus sûr que l'appât d'une communauté pour exciter le zèle & l'industrie. Enfin le lot que nous assignons à la femme, cette part virile est plus proportionnée à son labeur, que celle dont la gratifient si inconsidérément nos loix municipales.

Ajoutons qu'il existe véritablement dans la famille une sorte de communauté, mais non entre les conjoints seuls ; elle existe, cette communauté, entre le père, la mère & les enfans. C'est ce qui faisoit dire aux jurisconsultes Romains que le père & le fils sont censés une même personne, & que la succession de l'un à l'autre est moins une transmission qu'une continuation de propriété. Il suit de-là que, le père mort, les autres associés, c'est-à-dire la mère survivante & les enfans, demeurent effectivement communs , ou divisent entr'eux la masse commune , mais pour la portion qui appartenoit à chacun d'eux du vivant du père ; portion qui , d'après son indétermination même, comme d'après les raisons d'égalité, ne pouvoit être qu'une portion virile. Ainsi en usoient les peuples d'autrefois dont les institutions nous sont connues, les anciens Romains , les anciens Francs nos aïeux (11) ; & ils étoient plus près que nous de la nature.

Nous venons de régler les intérêts pécuniaires de la femme ; il faut maintenant statuer sur son état moral ou sa dépendance.

Le mari étant le chef de la société qui unit les deux époux, il est hors de doute que sa volonté doit prévaloir dans tout ce qui a rapport au mariage. Un des principaux effets de cette puissance, paroît en ce qu'il peut obliger sa femme à le suivre par-tout où il juge à propos d'établir son domicile ou sa résidence , pourvu que ce ne soit pas en pays étranger.

J'ai lu dans un certain livre (*) que, fuivant la pureté du droit naturel, le mariage eft un contrat de parfaite égalité, qui ne donne au mari aucun pouvoir fur fa femme. Je demanderois à l'auteur comment, dans fon fyftême, il mettra d'accord les époux, lorfque leurs volontés feront contraires. Partons de l'exemple déjà cité. Il s'agit de favoir fi les conjoints demeureront en province ou à Paris; s'ils habiteront tel quartier de Paris, telle maifon, tel appartement, plutôt que tel autre; s'ils iront paffer l'automne à la campagne, ou s'ils refteront à Paris. Dans ce cas, & une infinité d'autres que fait naître à chaque inftant une vie commune, qu'on me dife qui fera juge du différend entre les époux? Iront-ils devant le magiftrat pour fe faire régler? Le magiftrat n'y fuffiroit pas. Cependant il faut une décifion; le droit de prononcer doit être quelque part. Il eft clair que ce droit ne peut appartenir qu'à l'un ou à l'autre des époux; & auquel des deux, je vous prie? Croyez-vous que les femmes elles-mêmes ofâffent fur ce point revendiquer la préfé-rence?

Je fais que le mari peut abufer de fon pou-

____

(*) Princip. du droit de la nat. & des gens, par Burlamaqui, augmentés par le profeffeur de Félice. *Tom. V.* pag. 73.

voir; mais la femme a des moyens de réfiftance,
autres que la contrainte , & s'ils font infuffifans,
fi le mal eft porté à l'extrême , la loi lui offre
un dernier remède dans la féparation ou le divorce. C'eft tout ce qu'elle peut faire , de brifer
des nœuds mal affortis : mais tant qu'ils fub-
fiftent , la loi n'a garde d'y toucher ; elle les
refpecte , & doit même leur prêter toute fa
force.

Dans beaucoup de pays, la puiffance maritale
ne s'étend pas au-delà de ce pouvoir de direction dans les affaires du ménage. Les loix romaines dans les derniers tems n'en connoiffoient
pas d'autre, & c'eft encore ce qui s'obferve actuel-
lement dans les pays de droit écrit.

Dans nos pays coutumiers, la puiffance maritale eft plus étendue ; elle renferme un pouvoir
négatif fur la perfonne de la femme, & pofitif
fur fes biens.

Le pouvoir négatif fur la perfonne, confifte
en ce que la femme ne peut ni contracter en
façon quelconque, ni efter en jugement fans l'autorifation de fon mari ; la loi, au défaut de
cette autorifation , rend la femme incapable de
toutes les fonctions de la vie civile. Ainfi le mari
préfide à toutes fes démarches légales, non pour
les déterminer, les influencer, mais pour les

arrêter , s'il juge à propos ; c'eſt une eſpèce de *veto* qui lui eſt donné ſur la conduite de ſa femme.

Le pouvoir poſitif ſur les biens , conſiſte dans un droit d'adminiſtration & de jouiſſance qu'a le mari ſur la totalité des biens de la femme , même hors le cas de communauté, pourvu qu'il n'exiſte point de ſéparation contractuelle.

Eſt-il convenable que le mari jouiſſe de ces deux pouvoirs ?

Si nous conſultons nos pères les Germains, ils nous diront : oui. Les anciens Romains nous feront la même réponſe. Non-ſeulement chez ces peuples, les femmes mariées étoient ſoumiſes à l'abſolue direction de leurs maris , mais les femmes non mariées y vivoient elles - mêmes dans une perpétuelle ſujétion ; elles étoient ſous la tutèle de leurs proches. Ainſi la dépendance des femmes ne finiſſoit qu'avec la vie. Une fille ne ſortoit de la puiſſance de ſon père que pour paſſer ſous celle d'un mari ; & , devenue veuve, elle retom- boit en tutèle (*).

Cet uſage avoit ſon fondement dans la nature & dans une bonne police. S'il eſt vrai qu'une

______

(*) Monteſquieu , Eſprit des loix , *liv.* 7. c. 12. *Voy.* auſſi le ch. 21 du *liv.* 18 , & la *note* de l'éditeur , à la table des matières , ſous le mot *femmes.*

vie retirée convient aux femmes, & que leurs mœurs ne font pures, qu'autant qu'elles font *féquestrées de la compagnie des hommes, éloignées des vains amufemens, & de ce qu'on appelle des affaires* (*); on conçoit que les anciens pouvoient defirer que leurs femmes vécuffent ainfi, que les maris particulièrement y avoient intérêt, & dès-lors il falloit bien que quelqu'un fe chargeât de leurs affaires.

D'autres tems ont amené d'autres befoins. Le luxe a rendu néceffaire la richeffe des femmes; &, dans leur nouvelle condition, fières de leurs dots ou de leurs efpérances, elles n'ont plus voulu fe foumettre au joug que leurs aïeules avoient porté. La tutèle perpétuelle des femmes, ainfi que le grand pouvoir des maris, avoient ceffé à Rome depuis plufieurs fiècles, quand Juftinien publia fa collection. Le même changement a eu lieu chez nos pères, & l'on devroit s'étonner que nous confervaffions encore une ombre de ces antiques inftitutions, fi les loix parmi nous, dans prefque toutes les parties, n'avoient fur-vécu long-tems à la perte des mœurs.

On fent bien que, dans l'état préfent, il ne peut pas être queftion de rétablir la tutèle perpétuelle

---

(*) Montefquieu, efprit des loix, *liv. XVI. ch.* 10.

des femmes. On ne peut pas empêcher non plus celles qui se marient de se réserver en tout ou partie l'administration de leurs biens, & d'échapper sous ce rapport à l'autorité maritale. Mais je voudrois qu'à défaut d'une dérogation expresse, cette autorité fût con-
servée tout entière, puisqu'enfin c'est-là l'état naturel du mariage. J'en excepte toutefois le droit
de jouissance accordé par nos coutumes au mari
sur les biens de la femme ; je veux qu'il n'en soit
qu'administrateur comptable, comme l'est en pays
de droit écrit un mari chargé de la procuration
de sa femme, à l'égard des biens paraphernaux.
La femme doit gagner avec son mari pour qui elle
travaille, en gouvernant sa maison ; mais il ne
convient pas au mari, de bénéficier avec sa femme
si elle n'y a consenti. Je desire encore que l'on
ôte de cette matière toutes les subtilités sur
la forme de l'autorisation, qui ne servent qu'à
engendrer des contestations, & font autant de
pièges tendus à la bonne-foi ; l'autorisation doit
être bonne, en quelqu'acte & de quelque manière
qu'elle soit interposée, pouvu qu'il apparoisse suf-
fisamment de l'approbation donnée par le mari.
Enfin je ne vois pas pourquoi une femme en se
mariant & en stipulant la non-communauté, ne
pourroit pas se réserver, non-seulement l'administration, mais la libre disposition de son bien, sans

le recours à l'autorité du mari ; ces deux claufes font intrinféquement du même ordre, la différence n'eft que du plus au moins, & une femme doit être la maîtreffe de dire : *je ne veux me marier que fous cette condition.* A ces modifications près , l'autorité maritale, telle que nos coutumes l'ont établie, me paroît infiniment fage , utile au maintien des mœurs, conforme à la fainteté du mariage (12); & comme les parties feroient libres d'y déroger par le contrat, même en totalité , fuivant mon fyftême , je ne crois pas qu'on eût aucune peine à l'introduire dans les pays où elle n'eft pas reçue.

Ce feroit envain que nous aurions cherché à affurer le fort des femmes , fi par leur imprudence elles renonçoient aux avantages que la loi leur donne , & même à leur patrimoine. La confervation du bien des femmes a fixé toute l'attention des fages légiflateurs ; & en cela ils ont crû travailler, non pour l'intérêt des femmes feules , mais pour celui des familles.

Un mari fait mal fes affaires. Il a recours à fa compagne ; il l'engage à s'obliger pour lui , quelquefois à aliéner fes immeubles. La femme n'ofe réfifter, ou fe fait illufion fur les reffources de fon mari. La féduction l'entraîne ; l'attachement la fubjugue ; la crainte d'un éclat qui manifefteroit l'état des affaires, achève de la déterminer : elle confent. Voilà pour quelque tems le mari foulagé ; mais il s'ôte du même coup fon dernier refuge, le bien de fa femme, qui, dans fa détreffe, fourniroit de quoi fubfifter à lui, à elle, à fes enfans. Bientôt les befoins renaiffent, l'abîme fe rouvre ; aucun moyen de le combler, & toute la famille eft ruinée fans retour. Voilà l'hiftoire d'un grand nombre de ménages dans nos pays coutumiers.

C'eft pour remédier à ces inconvéniens que le droit Romain mettoit les femmes dans l'impuiffance d'aliéner leurs dots, & de s'obliger pour leurs maris. Ces loix font encore obfervées dans nos pays de droit écrit, & même dans plufieurs de nos coutumes, notamment dans celle de Normandie, qui a porté plus loin que la jurifprudence Romaine elle-même les précautions fur ce point.

Je fais ce que l'on oppofe à ces loix : la faveur du commerce. Mais, pour favorifer le commerce, il ne faut pas ruiner les femmes, & avec elles, leurs enfans, leurs maris ; il ne faut pas réduire des familles entières à la plus affreufe indigence. C'eft cette grande raifon de la faveur du commerce qu'on fit valoir en 1664 pour obtenir une

Déclaration qui abrogea la loi Julie dans les pays de Lyonnois , Forez, Beaujolois & Mâconnois. Mais cette raifon n'étoit qu'un prétexte. Le véritable motif de la dérogation étoit , comme nous l'apprenons d'un auteur digne de foi , afin que dans les fous-baux de la ferme générale , on pût faire obliger les femmes avec leurs maris , & préfenter par ce moyen de plus grandes fûretés au fermier de la généralité de Lyon , qui en conféquence rendoit au gouvernement un prix de ferme plus confidérable. C'étoit encore , ainfi que nous le voyons dans le préambule de la Déclartion , afin que les capitaliftes de Lyon , auxquels le monarque avoit recours dans fes fréquens befoins , pûffent lui donner des fecours plus abondans, en accaparant une plus grande quantité de numéraire. Toujours dans cet heureux pays, avant la révolution , les plus faintes loix furent facrifiées à des fpéculations de finance. La ville de Lyon n'eft pas la feule dans l'empire qui faffe le commerce avec fuccès ; il fleurit également dans d'autres villes, à Marfeille , à Montpellier , à Bordeaux , à Rouen , au Hâvre , & dans tous ces lieux les loix confervatrices du bien des femmes font inviolablement obfervées.

Puis donc que la régénération d'un grand peuple doit avoir pour effet de rétablir l'ordre en toutes chofes, je crois que nous ne devons pas héfiter à faire revivre par-tout ces loix falutaires. Je ne defire point que les femmes foient riches : la richeffe des femmes ne convient pas à un état libre (*) : mais je veux qu'elles confervent ce qu'elles ont, & qu'on prenne toutes les précautions poffibles pour empêcher qu'elles ne le perdent.

Ainfi je demande qu'une femme mariée foit dans l'impuiffance, non-feulement d'aliéner fes biens, ou de les hypothéquer, mais même de renoncer aux droits d'hypothèque ou autres qu'elle peut avoir pour la reftitution de fa dot, & l'exécution de fes diverfes conventions matrimoniales ; je veux que fa dot mobiliaire foit autant en fûreté que fa dot immobiliaire.

Il y a néanmoins un tempérament à garder. La loi Julie défendoit purement & fimplement l'aliénation du fonds dotal. Il en réfultoit que les fonds dotaux, c'eft-à-dire à-peu-près la moitié des fonds, étoient hors du commerce ; chofe préjudiciable au public. Juftinien a remédié à cet inconvénient, en ftatuant par une de fes novelles que l'aliénation des fonds dotaux, & de tous les biens du mari fur lefquels la femme auroit quelque droit, ne pourroient être révoquées qu'autant

---

(*) Montefquieu, efprit des loix, *Liv. VII. chap.* 15.

que la femme ne trouveroit pas dans les biens du mari, exiſtans lors de ſon décès, de quoi s'indemniſer de ces aliénations. La coutume de Normandie s'eſt approprié cette ſage diſpoſition, & elle ajoute que le tiers-acquéreur, ainſi menacé d'éviction, d'après l'inſuffiſance des biens du mari, aura l'option, ou de délaiſſer l'héritage à la femme, ou de lui en payer la valeur ſuivant l'eſtimation au jour de la diſſolution du mariage. C'eſt ce que je propoſe d'établir.

Il faut encore excepter, à l'exemple des loix romaines, le cas de néceſſité extrême, comme lorſqu'il s'agit de tirer le mari de priſon, ou de pourvoir aux alimens de la famille. Dans ces occurrences, le bien de la femme peut être aliéné, ſans recours quelconque contre les tiers-acquéreurs ; mais, pour éviter les abus, il faut ajouter, conformément à l'uſage de nos pays de droit écrit, obſervé dans les coutumes qui ont adopté ce ſtatut, que l'aliénation ne ſera permiſe dans ces cas extraordinaires, que par ordonnance des juges, donnée en connoiſſance de cauſe.

Ce qui a été dit de l'aliénation du bien des femmes, s'applique aux obligations qu'on leur fait contracter, & qui doivent être ou autoriſées ou défendues préciſément dans les mêmes termes. Le droit romain les prohiboit indiſtinctement, &

cette défense s'étendoit à toutes les femmes mariées ou non mariées ; mais cette loi , qui tenoit à des usages extrêmement éloignés de nos mœurs actuelles, ne peut pas avoir lieu parmi nous (13).

Un autre objet , voisin de celui-ci , & digne encore de l'application du législateur , ce sont les avantages entre conjoints. On a senti dans tous les tems qu'il falloit y mettre des bornes, pour empêcher que les époux, par une tendresse aveugle , ne se dépouillassent mutuellement, ou que le plus fort n'abusât de ses moyens, pour exiger de l'autre ce qu'un sentiment libre ne lui eût pas donné. Par-tout donc on a établi là-dessus une prohibition. Mais jusqu'où doit elle s'étendre ? C'est le point où les législations se divisent.

La coutume de Paris, suivie par un assez grand nombre d'autres, défend aux conjoints » de s'a-» vantager pendant le mariage, soit par dona-» tion entre-vifs, soit par testament ou ordon-» nance de dernière volonté , ni autrement , » directement ou indirectement, en quelque ma-» nière que ce soit, *si ce n'est par don mutuel.* » Le *don mutuel* est une donation que deux conjoints par mariage se font réciproquement l'un à l'autre, à défaut d'enfans de l'un & de l'autre,

& en cas de furvie , de l'ufufruit des biens de leur communauté ; fur quoi il exifte dans ces coutumes des variétés infinies.

Je ne puis m'empêcher de remarquer à cet égard 'inconféquence de nos loix municipales , toutes fabriquées au hafard , de pièces rapportées , & fans un plan fixe qui en uniffe les diverfes parties. Nous venons de voir nos coutumes permettre à la femme de s'obliger fans mefure , & de vendre même tous fes biens , pour favorifer un mari diflipateur. Maintenant elle veut récompenfer un mari honnête qui, par fa bonne conduite, fa conf-tante affection, fes foins, fes complaifances, a ré-pandu le bonheur fur tous les momens de fa vie. Et que pourra-t-elle faire pour lui , d'après nos coutumes ? Rien , fi elle a des enfans ; fi elle n'en a pas , un fimple don mutuel. Quel incon-cevable mêlange de relâchement & de rigueur ! Croiroit-on qu'un même texte de loi pût ren-fermer des difpofitions fi contraires ?

Encore cette dureté feroit plus fupportable , fi on la bornoit au cas où le conjoint a des en-fans , quoiqu'en général ce foit un bien pour eux de dépendre jufqu'à un certain point de leurs père & mère. Mais lorfqu'il n'exifte pas d'enfans , & qu'il n'y a pour prétendans à la fucceffion que des collatéraux , fouvent éloignés ; où eft la juftice de les préférer à un époux que l'on oblige de fe contenter d'un don mutuel ?

Notez que ce don mutuel, une fois fait, eft irrévocable ; enforte qu'il peut bien fervir à reconnoître les fervices pour le paffé, mais jamais à en affurer la continuation pour l'avenir, & qu'au contraire, à raifon même de fa ftabilité, il en devient fort fouvent le terme.

Les Romains fur cette queftion me paroiffent encore avoir faifi le véritable milieu. Ils défendent aux conjoints les donations entre-vifs ; mais ils leur permettent celles à caufe de mort. Une donation entre-vifs faite par un des conjoints à l'autre, peut être révoquée par le donateur pendant toute fa vie ; mais s'il meurt fans avoir fait de révocation, elle eft confirmée, & a force de legs comme s'il l'eût écrite dans fon teftament. Voilà tous les principes d'accord. Il n'y a plus de contrainte, plus d'ingratitude à appréhender, lorfqu'une révocation laiffée au pouvoir du donateur lui en feroit fi aifément juftice ; l'erreur du moment peut être corrigée après-coup par la réflexion, par l'expérience : & néanmoins les époux demeurent pleinement les maîtres de fe témoigner leur affection ; ils peuvent fe livrer fans gêne au penchant le plus doux & le plus légitime qu'il y ait dans la nature.

J'ai

J'ai ouï dire qu'en pays de droit écrit , les féparations entre mari & femme font beaucoup moins fréquentes que dans nos pays coutumiers. On en attribue la caufe à cette faculté qu'ont les conjoints de s'avantager par teftament. L'efpérance réciproque de recueillir ce dernier gage de l'affection conjugale , rend chacun des deux époux plus févère pour lui - même , & plus indulgent envers l'autre ; tel évènement qui à Paris cauferoit une rupture , eft fans conféquence à Touloufe : on diffimule, on pardonne , & l'on ne veut pas , pour un moment d'impatience , perdre le fruit de toute une vie.

Nous ne pouvons donc que gagner infiniment à un décret qui rendroit cette loi commune à tout l'empire. Je fouhaite feulement deux chofes , pour que le fuccès en foit plus certain.

La première , c'eft que tous les citoyens & citoyennes fachent écrire. Les teftamens en feroient plus faciles à révoquer , chacun déformais ayant l'inftrument de la révocation au bout de fes doigts , & pouvant enfuite rendre dépofitaire de fes volontés la première perfonne de confiance , un médecin , un confeffeur , ou tout autre. Il eft honteux pour un état libre (je parle de ceux dont l'ère de liberté fe reporte avant la génération actuelle) que l'on y trouve des individus, nés dans le pays, qui ne fachent pas écrire ; auffi rien n'eft plus rare, affure-t-on, dans les États-Unis de l'Amérique. Cette in-fouciance fur l'éducation du plus grand nombre des citoyens ne convient qu'à des defpotes qui, pour les affervir, ont intérêt de les retenir dans l'ignorance. Efpérons qu'un pareil fcandale dif-paroîtra bientôt parmi nous ; ce fera un des bien-faits de *l'inftruction publique* que la conftitution nous promet, & dont l'organifation, follicitée par tant de vœux, a fans doute été trop long tems différée.

Une feconde précaution que je réclame pour affûrer les bons effets des difpofitions teftamentaires entre conjoints, & en écarter les inconvéniens, ce feroit qu'aucun teftament ne pût avoir d'exé-cution, que lorfqu'il feroit antérieur de plufieurs mois au décès du teftateur. La fage coutume de Normandie l'a ainfi ordonné par rapport aux tef-tamens qui intéreffent une certaine nature de biens (*) ; fur quoi Bafnage obferve qu'on évi-teroit beaucoup de furprifes & de fuggeftions, fi cette règle étoit générale pour toutes les fortes de difpofitions teftamentaires, & qu'il ne fût pas permis de faire un teftament, lorfqu'on eft près de rendre le dernier foupir. Ce vœu de Baf-

______

(*) *Art.* 422.

nage a été entendu par M. Merlin qui , dans
fon projet de loi fur les fucceſſions (*) , propofe d'ordonner qu'aucun teſtament ne vaudra , s'il
a moins de deux mois ou plus de dix ans au
jour de la mort du teſtateur ; & d'ajouter enfuite , pour rendre la date conſtante , que les
teſtamens olographes ne feront valables qu'autant
qu'ils auront été dépofés , & qu'il y aura acte
du dépôt , paſſé devant deux notaires , ou devant
un notaire & deux témoins , & couché fur le
dos ou l'enveloppe du papier contenant les difpofitions teſtamentaires. Je defire de tout mon
cœur que cette bonne loi foit adoptée ; mais quand
on héfiteroit à la rendre générale , je crois qu'il
feroit fage de l'établir entre conjoints.

§. III.

*Droits des enfans , & ceux des père & mère —
tutèles — curatèles.*

La matière de ce paragraphe ne préfente
pas autant de difficulté que celles qui ont fait
l'objet des paragraphes précédens. Je me borne-
rai en conféquence à un petit nombre de ré-
flexions.

La puiſſance paternelle étoit fans bornes chez
les anciens Romains. Le père avoit fur fon fils

____

(*) *Tit. 2. art. 27.*

E 2

droit de vie & de mort. Tout ce que le fils acquéroit , il l'acquéroit pour son père. Il étoit lui-
même sa propriété , sa chose , & ce pouvoir éton-
nant ne finissoit point par la majorité du fils ,
ni par son mariage , ni par les dignités quelcon-
ques auxquelles il pouvoit parvenir ; il ne cessoit
que par sa mort , à moins que son père ne jugeât à propos de l'émanciper.

Par succession de tems , ce pouvoir extrême a été
infiniment réduit ; mais le fonds s'en est conservé , & il subsiste encore dans tous nos pays de
droit écrit. Il a même été admis avec plus ou
moins d'étendue dans certaines coutumes ; & dans
beaucoup de celles qui ne l'ont pas adopté , il
existe quelque chose de pareil sous le nom de *bail*
ou de *garde* , qui est une espèce d'administration
avec profit.

Un pareil pouvoir est visiblement contre nature. Les enfans ne sont point la propriété de
leurs père & mère ; ce sont des êtres faits comme
eux , que la providence commet à leurs soins , par
cela même qu'il leur ont donné le jour. Ils sont
chargés de les nourrir , de les instruire , de les
guider , de les protéger & de les défendre. Leur
pouvoir dérive de ces obligations ; il est tout en
faveur des enfans ; & est moins un pouvoir qu'un
devoir.

Or , pour gouverner des enfans , il n'eſt pas néceſſaire d'exercer ſur eux une autorité abſolue ; encore moins l'eſt-il d'avoir la jouiſſance de leurs biens.
Tout ce qu'on peut dire , eſt 1°. que les père
& mère n'étant obligés de fournir à l'éducation
de leurs enfans , qu'à raiſon de l'impuiſſance où
ils ſont d'y ſubvenir eux-mêmes , leur revenu (s'ils
en ont) doit d'abord y être employé ; 2°. que ,
dans le cas contraire , les parens doivent en faire
les frais , ſauf à s'en rédimer par la ſuite , lorſque leurs enfans , devenus grands , feront à portée de leur rendre quelques ſervices. Cet avantage eſt grand à la campagne ; il fait la richeſſe
des pères de famille , & c'eſt le ſeul profit de la
puiſſance paternelle , véritablement avoué par la
raiſon & la nature.

En général , toute puiſſance inutile , & qui
n'exiſte pas pour le bien des adminiſtrés , eſt ty-
rannique , & doit être abolie. L'autorité des parens réduite à ſes juſtes bornes , eſt ſalutaire pour
le maintien des mœurs ; mais ſi on la porte au-
delà , ſi elle devient immenſe , elle rivaliſe avec
la loi , elle établit un empire dans l'empire , &
peut , chez un peuple libre , produire de funeſtes
effets.

Au défaut de la puiſſance des père & mère ;

vient celle des tuteurs, qui en eft le fupplément & l'imitation.

Les loix Romaines préfentent fur cet objet les difpofitions les plus fages, & elles étoient fuivies autrefois par toute la France ; elles le font encore dans les pays de droit écrit. Mais on s'en eft écarté depuis long-tems dans la plupart des pays coutumiers, au grand détriment des malheureux pupilles (14). Un enfant a eu le malheur de perdre fes père & mère. Qui que ce foit n'eft précifément chargé de lui faire nommer un tuteur ; & fi la loi n'enjoignoit pas à l'officier public d'appofer les fcellés (*) (ce qui détermine les intéreffés à faire des diligences pour obtenir la ceffation de cette main - mife), les pauvres orphélins refteroient fouvent à l'abandon. On convoque les parens par néceffité ; mais quels parens, & en quel nombre ? La loi ne fpécifie rien de tout cela : elle n'a même placé dans la main du juge aucun moyen coactif pour les obliger de comparoître. Ceux qui viennent, n'étant-refponfables de rien, & ne fongeant ordinairement qu'à fe débarraffer du fardeau de la tutele, fe mettent fort peu en peine de choifir un bon tuteur : ils s'empreffent feulement à en élire un qui ne faffe au-

---

(*) Loi du 27 mars 1791, *art.* 7.

cune difficulté d'accepter ; & l'on fait que communément , ainfi que l'obferve un auteur (*) moins on eft folvable , plus on accepte volontiers ces fortes d'emplois. S'étonnera-t-on que de pareilles tutèles foient mal adminiftrées ?

Pour furcroît d'infouciance, la loi qui s'inquiète fi peu du choix du tuteur, ne l'affujettit pendant fa geftion à aucune forte de furveillance. Aucun magiftrat , aucun confeil, aucun parent n'eft autorifé à fuivre fes opérations, ni à vifiter fa caiffe. Il eft vrai que dans certains cas, tels qu'une aliénation, un emprunt , &c. , le tuteur eft obligé d'avoir recours à la famille; mais outre que ces cas font extraordinaires , comme le tuteur peut n'appeller que ceux qu'il veut , & que jamais les parens ne font refponfables , il eft à-peu près fûr de leur faire agréer ce qu'il a réfolu pardevers lui.

D'auffi grands abus méritent bien fans doute une réforme , & ils n'échaperont pas à la fageffe de nos légiflateurs. Il faut qu'une loi précife & fuffifamment détaillée , dife quelles font les perfonnes qu'elle aftreindra à faire nommer les tuteurs , celles qui devront concourir à cette nomi-

---

(*) Bouhier , obfervat. fur la coutume de Bourgogne, chap. 15.

nation, en quel nombre & fous quelles peines elles feront forcées de comparoître, quelles feront leurs charges & leurs engagemens, ainfi que leur pouvoir.

Heureufement la loi eft faite, & tellement bien (felon moi) qu'il eft difficile de la mieux faire. Au milieu de l'indifférence prefque générale de nos pays coutumiers fur les intérêts des mineurs, il en eft deux où cet objet a paru au contraire mériter une attention particulière ; ce font les ci-devant provinces de Normandie & de Bretagne. Non-feulement les loix Romaines concernant la tutèle, y font en pleine vigueur ; mais elles y font développées, améliorées par des règlemens exprès, qui ne laiffent rien à defirer (*).

Par une première difpofition, les afcendans des mineurs ou leurs préfomptifs héritiers en collatérale, ou, à leur défaut, l'officier chargé du miniftère public, font tenus dans un tems donné de faire les diligences néceffaires pour parvenir à la nomination du tuteur, à peine de répondre en leur propre & privé nom, du dommage que les

____

(*) Réglement pour les tutèles, fait par le parlement de Normandie le 7 mas 1673. — Edit du mois de décembre 1732, pour les tutèles de la province de Bretagne.

mineurs pourroient éprouver par leur négligence.

Par une seconde difposition , l'on détermine
ceux qui doivent être appellés à la nomination ;
ce font les douze parens les plus proches , fix du
côté paternel , fix du côté maternel. Ce nombre
peut paroître confidérable ; mais on verra tout-à-
l'heure qu'il étoit néceffaire pour augmenter la sûreté des tutèles , & diminuer , par rapport aux nominateurs , le fardeau de la refponfabilité.

A dégré égal , on préfère les aînés aux puînés.
Sil n'y a pas fix parens d'un côté , on appelle ceux
de l'autre côté pour parfaire le nombre de douze.
A défaut de parens , les amis ou les voifins du
défunt font appellés.

Ceux qui ne fe préfentent pas fur l'affignation
à eux donnée , font réputés préfens , & foumis
aux mêmes charges que les autres.

Par une troifième difposition , tous les parens
qui ont concouru à la nomination du tuteur ,
ou à fa confirmation , s'il eft teftamentaire ou
légitime , font garants de fon adminiftration ,
chacun pour leur part & portion , difcuffion néanmoins préalablement faite des biens du tuteur
& de fa caution , s'il en a donné une.

Par une jufte réciprocité , les parens font ab-
folument les maîtres du choix du tuteur. Il été

nommé par eux seuls , à la pluralité des voix ;
le juge ne peut que les départager , en cas d'égalité
de suffrages.

D'un autre côté , ils peuvent imposer au
tuteur , pour leur sûreté , telles conditions qu'ils
estiment convenables; par exemple, celle de rendre
compte par bref état tous les ans, ou plus souvent , s'ils le jugent à propos. Et après cet examen de la situation du tuteur , ils peuvent
l'obliger d'employer au profit du pupille les deniers
qu'il se trouve avoir entre les mains , ou de
les déposer dans la caisse d'un dépositaire par eux
choisi. Ils peuvent même stipuler que le tuteur
n'aura la faculté de recevoir les capitaux du mineur , & d'en faire emploi, qu'en présence de
celui ou ceux qu'ils auront commis pour cet effet. S'il s'agit d'un tuteur établi par la loi ou
par testament , dont la solvabilité leur paroisse
équivoque , ils peuvent le refuser , ou l'astreindre
à donner bonne & suffisante caution.

Après la tutèle finie , le mineur devenu majeur, ou les héritiers, sont tenus , dans un tems
limité , de faire leurs diligences contre le tuteur ,
& de les dénoncer aux parens , qui de leur côté
peuvent intervenir ; le tout à peine de déchéan-
ce pour le mineur ou les héritiers, de leur action
de garantie.

Au moyen de ces précautions , les parens nominateurs n'ont guères à appréhender que leur
propre négligence ; mais la condition des mineurs
eſt aſſurée , & ils ne riſquent point , comme
parmi nous , de ſe voir ruinés par les dilapidations
d'un tuteur. Auſſi eſt-ce une maxime en Normandie
& en Bretagne , *qu'un mineur ne peut pas perdre
ſon bien ;* ce qui doit être , ſelon moi , dans
tout pays qui jouit d'une bonne légiſlation.

Il eſt plus néceſſaire que jamais , depuis
révolution , que ces ſages réglemens deviennent
communs à toute la France. Nos loix nouvelles
donnent un grand pouvoir aux familles , relativement aux tutèles , & généralement à tout ce
qui intéreſſe l'état ou les affaires des mineurs. Les
délibérations priſes par les parens ſont en quelque manière ſouveraines ; le juge de paix eſt
chargé uniquement de les *recevoir* (*) , d'en dreſ-
fer procès-verbal , & n'eſt tenu de renvoyer devant les juges de diſtrict que *ce qui devient con-
tentieux dans le cours ou par ſuite deſdites délibérations* (**) : d'où il paroît réſulter que , lorſqu'elles ſont unanimes , nul pouvoir n'a droit de
s'en mêler. Ces diſpoſitions ſont ſages en elles-
mêmes. La puiſſance publique ne doit en général

______

(*) Loi du 24 août 1790 , *tit.* 3 , *art.* 11.
(**) *Ibid.*

s'interpofer dans les affaires de famille , que lorfqu'elle eft néceffaire ; & il femble qu'elle ne l'eft
pas , lorfque les parens font d'accord , eux pré-
fumés mieux inftruits & plus intéreffés que perfonne dans ces fortes d'affaires. On doit donc communément leur en laiffer la direction exclufive.
Mais cela fuppofe que les affemblées de famille
feront ce qu'elles doivent être , c'eft-à dire qu'elles
ne feront point formées au hafard ; qu'elles feront
compofées véritablement de parens , non de pré-
tendus amis ou voifins; de parens proches , les
plus proches , non de parens éloignés , qui n'ont
ni intérêt réel à la chofe , ni connoiffance fuffifante de la fituation du mineur ; enfin qu'ils
feront affujettis à quelque efpèce de refponfabilité : car il n'y a pas d'autre moyen de les rendre
attentifs à ce qu'ils font , & c'eft un monftre en
politique qu'une autorité non · refponfable. Avec
ces conditions , le pouvoir étendu que nos loix
nouvelles ont accordé aux parens , peut être uti'e;
fans ces conditions , il ne peut être que pernicieux : ce fera le fléau des mineurs , & non leur
fauve garde. Tant il eft vrai qu'en légiflation il
faut tout voir , tout embraffer à la fois , & ne
point réformer une partie, fans changer en même-
tems celles qui en dépendent ; à - peu - près
comme en méchanique on ne peut toucher à une

pièce de quelque importance , fans déranger toutes les autres.

La puiſſance des tuteurs, comme celle des pères & mères, ceſſe lorſque l'enfant arrivé à un certain âge , & jouiſſant de la plénitude de ſa raiſon , eſt en état de ſe conduire. Mais il y en a qui par un vice d'organiſation demeurent enfans toute leur vie , ou qui par l'épuiſement des organes retombent enſuite dans un état peu différent de l'enfance ; d'autres qu'une imagination troublée jette dans des accès ou dans un état habituel de délire. On les appelle imbécilles & furieux : ceux-là doivent être interdits , & mis ſous la puiſſance de curateurs.

On rangeoit ſur la même ligne autrefois les diſſipateurs & prodigues. Il importe , diſoit-on , au public que les particuliers uſent bien de leur fortune : c'eſt le prétexte dont on appuyoit ces ſortes d'interdictions. Prétexte miſérable , & indigne du légiſlateur !

D'abord c'eſt une queſtion que celle de ſavoir ſi, dans un état comme le nôtre, où l'inégalité de fortunes ſe trouve portée au dernier excès, la prodigalité des particuliers n'eſt pas plutôt un bien qu'un mal politique. Mais en ſuppoſant qu'elle ſoit un mal pour la ſociété, ce n'eſt qu'un

mal indirect comme tant d'autres, que le légiflateur à fon tour ne doit attaquer que par des
remèdes indirects. Le bon ufage des richeffes n'eft
pas le feul qui importe à la fociété. Il lui importe en général que les particuliers ufent bien
de toutes leurs facultés ; qu'ils rempliffent bien
tous leurs devoirs ; qu'ils foient bons fils, bons
maris, bons pères, & ainfi du refte. Néanmoins
s'avife t-on de porter des loix là-deffus, finon
pour réprimer les écarts qui blefferoient l'ordre
public d'une manière précife & formelle ? Les
loix feroient infinies, fi elles defcendoient dans
de pareils détails ; elles dégénéreroient en inqui-
fition domeftique, & la liberté du citoyen feroit
violée.

Dans la vérité, ce n'eft point à l'état qu'il
importe qu'un particulier ufe bien de fa fortune,
mais à fa famille, à fes enfans, à fes héritiers,
à tous ceux qui, fous un titre ou fous un autre,
auront quelque chofe à prétendre dans fa fucceffion. Or cet intérêt, quoique réel, n'eft point
digne de la protection des loix. Les biens d'un
particulier, tant qu'il exifte, font à lui, & ne
font qu'à lui ; fes héritiers n'y ayant droit qu'après
fa mort, ne peuvent critiquer de fon vivant l'ufage
qu'il lui plaît d'en faire. Le priver donc de l'exercice de fa propriété, fous prétexte qu'il en ufe

mal , c'eft une injuftice , c'eft une tyrannie , intolérable fur - tout dans un état libre , & diamé-
tralement contraire à la déclaration des droits.

Il faut donc tenir pour règle , qu'on ne peut
pas interdire un citoyen pour caufe de prodigalité.
Néanmoins ce principe même admet une exception. Il y a des perfonnes tellement unies par
les liens du fang & de la nature , que la loi les
oblige réciproquement à fe fournir des alimens,
en cas de pauvreté. Or cette obligation entraîne
par néceffité , au profit de ces perfonnes , un
droit de furveillance refpective. Peut-on m'af-
treindre à voir tranquillement fous mes yeux mon
parent diffiper fa fortune , & fe réduire , fans
que je puiffe l'empêcher , à l'extrémité du befoin ;
pour qu'enfuite je fois obligé , aux dépens de
mon aifance , à réparer fon inconduite ? Non
affurément. L'interdiction pour prodigalité peut
donc être provoquée par ces perfonnes , mais par
elles feules.

Suivant la loi , les alimens font dûs , quoique
diverfement , par le mari à la femme , & par
la femme à fon mari ; par les père & mère ou
autres afcendans, à leurs enfans ou defcendans ,
& par ceux-ci à leurs père & mère, ou autres
parens de la ligne afcendante ; par le beau-père
& la belle-mère au gendre & à la brû , & par

ces derniers aux beau-père & belle-mère , le tout
tant que l'affinité dure. Voilà les perſonnes qui
ont droit de demander l'interdiction du prodigue.

Et comme leur droit dérive entièrement de
leur obligation , il ſe borne à conſerver au prodigue des alimens ; il ceſſe lorſque , d'une manière quelconque , les alimens du prodigue ſont
aſſurés.

Voilà , je penſe , la véritable théorie de cette
eſpèce d'interdiction.

(1) Vinnius dans son commentaire sur le titre 11 du livre premier des institutes , indique les autorités qui prouvent que l'adoption étoit en usage chez ces différens peuples. Les Grecs l'appelloient d'un nom énergique υιοθεσία , c'est-à-dire *filii constitutio ,* ou *creatio.* Nous lisons dans l'Exode , que Moyse fut adopté par la fille de Pharaon. Heineccius a démontré , par une dissertation expresse , que l'usage de l'adoption avoit eû lieu chez les Juifs. Voy. le supplément de ses œuvres , pag. 52 , & suiv.

(2) L'abbé Trithème observe dans ses annales , qu'en 672, Sigebert , roi d'Austrasie , adopta Childéric , fils de Grimoald , maire de son palais. — Nous lisons dans Grégoire de Tours , que Gontran , roi d'Orléans & de Bourgogne, voulant déclarer majeur son neveu Childebert , & de plus l'adopter , lui dit : » J'ai mis ce » javelot dans tes mains , comme un signe que je t'ai » donné mon royaume. » Et se tournant vers l'assemblée : » Vous voyez , dit-il , que mon fils Childebert » est devenu un homme ; obéissez-lui. » — Il est parlé de l'adoption dans un capitulaire de Dagobert II , en 630 , où l'on voit qu'elle se faisoit en présence du roi. *Baluz. capit.* tom. 1. pag. 39. — Voyez aussi les formules de Marculphe , liv. 2 , chap. 13 ; de Sirmond , n. 23 , & de Lindembrog , n. 58 & 59. Celle rapportée par le P. Sirmond , est particulièrement remarquable. *Dùm peccatis meis facientibus orbatus sum à filiis , mihi placuit ut illum unà cum consensu patris sui , in civitate illà , cùm curià publicâ , de potestate patris naturalis discedentem , &*

Vûes sur la réformation.   F

in meam poteſtatem venientem, *in loco filiorum adoptaſſem ;*
quod unà & feci, &c. Il eſt vrai quelles formules publiées par
le P. Sirmond , avoient été dreſſées pour les perſonnes
qui vivoient ſuivant la loi Romaine : mais il en réſulte
d'abord qu'une grande partie du peuple qui uſoit de cette
loi , pratiquoit en France l'adoption , comme les Romains l'avoient toujours pratiquée ; enſuite on convient
que l'adoption , par quelque perſonne qu'elle ſe fît
(pourvu qu'elle ne fût pas purement d'honneur , comme
on en trouve des exemples) , renfermoit le droit à la
ſucceſſion & la qualité d'héritier , ce qui conſtitue le
caractère principal de ce que l'on appelle *adoption*.

(3) Il n'eſt plus fait aucune mention de l'adoption
dans les capitulaires ni dans les annales de la ſeconde
race.

(4) M. la Rochefoucauld-Liancourt , dans ſon qua-
trième rapport , fait au nom du comité de mendicité,
On y trouve un projet de décret pour l'adoption des enfans abandonnés ; l'auteur annonce qu'il étoit concerté
avec le comité de conſtitution : j'en ai beaucoup profité ,
en le généraliſant. La conduite qu'a tenue en dernier
lieu M. Liancourt , ne doit pas nous empêcher de rendre juſtice à ſes ouvrages , pleins de recherches utiles ,
de vûes judicieuſes , & d'une véritable philantropie.

(5) On évalue le net produit du territoire de la
France à 1500 millions au plus ; ſa population à 25 millions d'âmes. Cela fait 60 liv. de rente par individu ,
ou 300 liv. par chef de famille , en ſuppoſant les familles compoſées , l'une dans l'autre , de cinq perſonnes, le père , la mère & trois enfans. Il n'y a pas
de famille à Paris , même dans la claſſe des journaliers,
qui pût vivre avec un pareil revenu.

(83)

(6) Josué partagea aux Israélites la terre de Cha-
naan ; Romulus partagea entre ses concitoyens le terri-
ritoire de Rome. Lycurgue , donnant des loix à une
société formée , osa entreprendre la même opération ; il
divisa tout le district de Sparte en 9000 portions égales ,
dont une fut attribuée à chaque chef de famille ; mais, ce
qu'aucun législateur n'a tenté ni avant ni après lui ,
apres avoir ainsi établi l'égalité , il voulut la rendre durable. Quels moyens employa-t-il pour cela ? Je m'en
vais les rappeller , & j'espère que le seul exposé prou-
vera clairement que ce mode , impraticable dans un
grand état , ne convient réellement à aucun ; qu'il est
vicieux par essence , & qu'au lieu de l'égalité qu'il
promet , il introduit de fait l'inégalité la plus marquée.

Suivant les loix de Lycurgue , un chef de famille ne
pouvoit ni acheter ni vendre une portion de terrein :
c'étoit d'abord une géne insupportable , mais absolument nécessaire pour maintenir l'intégrité du partage.
Par la même raison , un chef de famille ne pouvoit ni
donner pendant sa vie , ni léguer par son testament la
portion dont il étoit possesseur ; nouvelle gêne qui pri-
voit les Spartiates du commerce le plus doux qu'il y
ait parmi les hommes , celui des bienfaits. Mais ces
premières précautions auroient été insuffisantes , si le
cours des successions , en décomposant les fortunes ,
avoit perpétuellement rompu l'égalité. Lycurgue , par
une troisième loi, fut donc obligé d'y pourvoir. Non con-
tent d'avoir rendu les portions de terrein inaliénables ,
indisponibles , il les rendit impartables : il voulut que
l'aîné des enfans recueillît seul la succession , de même
(dit Hérodote) que dans la maison royale , l'aîné suc-

cédoit feul à la couronne. Quel étoit le fort des autres enfans ? c'eſt ce qu'Hérodote ne nous apprend
pas , & ce qu'il ne pouvoit nous apprendre : il eſt clair
que les malheureux cadets étoient facrifiés , à-peu-près
comme dans le régime féodal auquel on a comparé ,
non fans raifon , le régime de Lacédémone. M. Bar-
thelemi , dans le chap. 46e de fon voyage d'Anacharfis ,
examine , par rapport à ces cadets , quels pouvoient
être éventuellement leurs moyens de fubfiſtance ; il
raffemble là-deſſus tout ce que fon érudition , fes con-
jectures ont pu lui fournir , & après une aſſez longue
énumération , il eſt obligé de reconnoître que les cadets
formoient pour la république , une véritable furcharge
dont elle fe débarraſſoit de tems à autre par des remèdes violens. » Dans les derniers tems , dit-il , des
» guerres fréquentes en détruifoient un grand nombre ;
» dans les fiècles antérieurs , ils alloient au loin fonder
» des colonies. » Voilà donc en définitif quel étoit le
fort des cadets , la mort ou la déportation ! Eſt-ce-là
l'égalité ? Eſt-ce là ce qu'on peut appeller un bon gouvernement ? J'omets les autres inſtitutions dont Lycurgue avoit befoin pour maintenir entre les poſſédans-
fonds , une égalité rigoureufe : la monnoie de fer , les
repas publics , l'interdiction du commerce , & même
de l'agriculture , la proſcription des arts. Quelle différence , de ces loix atroces qui manquent leur but , au
fyſtême de l'adoption qui n'outre rien ; qui , fans con-
trarier la nature , ne fait précifément que la fuppléer ,
& produit infailliblement l'effet qu'il fe propofe ; qui
enfin , du côté moral , offre de fi grands avantages !

(7) M. Merlin de l'aſſemblée conſtituante , que l'on
appelle aujourd'hui *Merlin de Douay* , a fait au nom

des comités réunis de conſtitution & d'aliénation, un rapport ſuivi d'un projet de loi en deux titres, l'un ſur les ſucceſſions *ab inteſtat*, l'autre ſur les diſpoſitions. On y reconnoît, comme dans tout ce qui eſt ſorti de la plume de M. Merlin, le juriſconſulte, mais, ſelon moi, pas aſſez le philoſophe. M. Merlin ne paroît pas s'être douté du grand principe qui doit gouverner cette matière, ni des rapports qui l'uniſſent à la conſtitution. Son projet n'eſt autre choſe qu'une compilation des loix anciennes, ſeulement dépouillées de ce qu'elles ont de plus choquant. En un mot il a rempli deux des conditions exigées ; ſes loix ſont *ſimples*, elles ſont *claires* : mais la plus importante, comme la plus difficile, reſte à remplir ; ſes loix ne ſont point APPROPRIÉES A LA CONSTITUTION.

(8) Loi Salique, tit. 62, §. 6. *De terrâ ſalicâ in mulierem nulla portio hæreditatis tranſit : ſed hoc virilis ſexus acquirit, hoc eſt filii in ipſâ hæreditate ſuccedunt.* Voy. dans Monteſquieu, liv. 18, ch. 22, ce que c'eſt que la *terre Salique*. Loi des Saxons, tit. 7, §. 1. *Pater aut mater defanĉti filio, non filia hæreditatem relinquant.* — Chez les anciens Romains, les filles par le mariage ſortoient de la puiſſance de leur père, pour entrer ſous celle de leur mari ; elles étoient donc exclues de la ſucceſſion paternelle : car dans l'ancien droit, les émancipés ne ſuccédoient pas. — Parmi les Hébreux, comme chez nos pères, les filles ne ſuccédoient qu'à défaut de mâles. Voyez dans le livre des Nombres, ch. 27, ce qui eſt rapporté des filles de Salphaad, & la loi publiée à cette occaſion. — Joignez auſſi ce qui a été dit dans la note 6. ſur les ſucceſſions des Spartiates.

(9) *Dotem non uxor marito , sed uxori maritus offert.*
Tacit. de mor. Germ. n. 18. — La même chose avoit
lieu chez les Hébreux , ainsi qu'il résulte clairement
de ces paroles de Sichem qui demandoit Dina en mariage , après l'avoir violée : *Augete dotem , & mu-
nera postulate , & libenter tribuam quod petieritis ; tantùm
date mihi puellam hanc uxorem.* Genes. XXXIV. 12.
— Chez les Spartiates , chaque portion de terrein assi-
gnée à un chef de famille , étoit affermée à des Hilotes
moyennant une redevance fixe , qui consistoit en 70
mesures d'orge pour le chef , & 12 pour son épouse ,
outre une certaine quantité de vin & d'huile. *Plut. in
Lyc. t. 1 , p. 44. Voyage d'anacharsis , ch. 46.* Cette
rente payée à la femme , formoit sa dot , & fournissoit
à sa subsistance , soit du vivant du mari , soit après
sa mort. — Chez les anciens Romains , la femme en
passant sous la puissance du mari , devenoit ce qu'on
appelloit héritier sien , *suus hæres ,* & partageoit la
succession du mari avec les enfans non émancipés : ce
droit de succession lui tenoit lieu de dot.

(10) La novelle de Majorien *de sanctimonialibus &
viduis ,* déclare nuls les mariages qui seroient contractés
sans dot : *scituris puellis ac parentibus puellarum ,* dit
cette novelle , *vel quibuscumque nupturis ambos infamiæ
maculis inurendos , qui fuerint sine dote conjuncti ; ita ut
nec matrimonium judicetur , nec legitimi ex his procreentur.*
Cette novelle , insérée à la suite du code Théodosien ,
a été observée dans les Gaules , où ce code seul étoit
connu lors de l'invasion des Francs. *Nullam sine dote
fieri conjugem , juxta possibilitatem rerum fiat dos ,* dit le concile
d'Arles , tenu en 1524. Et comme , suivant les mœurs
germaniques , c'étoit aux maris de fournir la dot , ils

furent déformais obligés indifpenfablemenr de doter
leurs femmes, d'où eft venu le douaire dont la ftipu-
lation fe faifoit à l'églife même dans l'acte de la célé-
tion du mariage. Sixte V. dans fes états a voulu établir
quelque chofe de femblable. « Il ordonna aux Curés,
» dit l'hiftorien de fa vie, de ne faire aucun mariage
» fans le certificat d'un juge établi pour prendre d'exactes
» informations fur les facultés des contractans ; & au
» cas que ce magiftrat les jugeât en péril de devenir
» pauvres, & par conféquent hors d'état de nourrir
» les enfans qu'ils pourroient avoir, il leur défendit
» de paffer outre, & voulut qu'on bannît de Rome
» ceux qui fe trouveroient dans le cas de défobéif-
» fance ». — A Sparte au contraire, les filles ne coû-
toient rien à établir ; il étoit défendu de leur conftituer
une dot. *Voyage d'Anacharfis*, *ch.* 46, où l'on cite
Juftin & Plutarque. Marfeille, dit Montefquieu, fut
la plus fage des républiques de fon tems ; les dots ne
pouvoient paffer cent écus en argent, & cinq en habits.
Il cite Strabon. *Voyez l'efprit des loix, liv. VII, ch.* 15.
note (a).

(11) J'ai déja obfervé qu'à Rome, fuivant les anciennes loix, la femme prenoit une part dans la fucceffion de fon mari. C'eft ce que nous apprend Denis
d'Halicarnaffe. *Lex hæc erat... mulierem nuptam, quæ ex fa-*
cratis legibus in manum viri conveniffet, cum eo omnium & bo-
norum & facrorum participem effe... Erat familiæ domina æquè
atque ipfe vir, & in ejus defuncti bona, ut filia in pa-
tris, hæres fuccedebat. Et fi fine liberis & inteftatus obiiffet,
erat omnium bonorum relictorum domina ; fin autem libe-
ros habuiffet, ex æquo cum liberis bonorum particeps erat.
Antiquit. Roman. Lib. II. 4. Nous trouvons la même

chofe dans les fragmens d'Ulpien , tit. XXIII , §. 3. *Adnafcitur fuus hæres , aut agnafcendo , aut adoptando , aut in manum conveniendo.* Ce dernier cas étoit celui de la femme mariée felon les anciennes loix , *confarreatione, coëmptione vel ufu— Vidua fi poſt mortem mariti in viduitate permanferint, æqualem inter filios fuos , id eſt qualem unus ex filiis, ufufructuariam habeant portionem.* Lex Bajuvariorum, tit. XIV, n. 6. La loi Ripuaire ne s'écartoit pas de cette idée , lorfqu'elle donne à la femme , en cas de furvie , le tiers des conquêts ; elle fuppofoit que les deux époux s'étoient au moins reproduits , felon le vœu de la nature , en donnant le jour à deux enfans : la femme faifoit le troifième. *Si quis mulierem defponfaverit , quid-quid ei per tabularum feu chartarum inſtrumenta confcrip-ferit , perpetualiter inconvulfam maneat : fi autem per feriem fcripturarum ei nihil contulerit , SI SUPERVIXERIT , quinquaginta folidos in dotem recipiat , ET TERTIAM PARTEM DE OMNI RE QUAM SIMUL CONLABORAVERINT SIBI STUDEAT VINDICARE.* Lex Ripuariorum , tit. XXXVII , art. 102. Les capitulaires , l. 4. t. 9 , en font une loi générale. *Volumus ut uxores defunctorum poſt obitum maritorum tertiam partem collaborationis , quam fimul in beneficio collaboraverunt , accipiant de his rebus quos is qui beneficium habuit , aliundè adduxit vel comparavit , vel ei ab amicis fuis collatum eſt.* Dans la fuite ce droit éventuel , appellé *tierce* dans nos anciens monumens , qui n'étoit qu'un gain de furvie (*fi fuper-vixerit... poſt obitum maritorum*) , eſt devenu un droit actuel , que la femme pouvoit tranfmettre à fes héri-tiers , & dont elle pouvoit difpofer par teſtament. *Mar-culphe , l. 2. c. 17.* En même tems les idées d'égalité

entre conjoints , appuyées fur-tout par les canoniftes ,
& fortifiées de tout l'afcendant que les femmes furent
prendre , lorfqu'elles apportèrent de grands biens à
leurs maris , firent étendre leur part des conquêts jufqu'à la moitié ; & on leur donna pareillement la moitié des meubles , dont nos ancêtres faifoient peu de cas.
La communauté , telle qu'elle exifte maintenant , fut
donc parfaitement établie. « Mari & femme , dit Loyfel ,
« font communs en tous biens meubles & conquêts
« immeubles , *au lieu que jadis elle n'y prenoit qu'un
tiers.* » Inftit. Cout. tit. de la Communauté , art. 8. La
coutume de Normandie eft la feule qui , fur ce point ,
comme fur beaucoup d'autres , ait confervé des vef-
tiges bien caractérifés de l'ancien droit ; de même
que dans l'ancien état des chofes , la loi Saxone eft
la feule de toutes les loix barbares qui eût accordé
à la femme , moitié des conquêts. *De eo quoi vir
& mulier fimul conquafierunt , mulier mediam portionem
accipiat.* Lex Saxonum , tit. 8. de quæft. § unic.—
A ces loix Romaines & Françoifes , je crois qu'il faut
ajouter celles des Spartiates. On a vû qu'elles régloient
la part de la femme dans le revenu du mari à 12 mé-
dimnes. Il en reftoit 70 au mari. Mais Lycurgue qui
encourageoit la population , quoique par une contradiction fingulière il ait entièrement négligé la fubfiftance des cadets , Lycurgue qui promettoit des exemp-
tions aux pères qui auroient trois enfans , & de plus
grandes à ceux qui en auroient quatre (Plutarque &
Elien cités par Anach. ch. 46.) , Lycurgue devoit fup-
pofer que les Spartiates pourroient avoir ce nombre
d'enfans qu'il leur demandoit ; & dès-lors les 12 mé-
dimnes de la femme revenoient à-peu-près à une part

d'enfant. — Je retrouve enfin ces idées primitives dans le gain de survie que Justinien assûre aux femmes non dotées, par le ch. 5. de la novelle 117. qui s'observe encore dans nos pays de droit écrit. Il veut que si le mari laisse trois enfans, la femme prenne le quart de la succession, & seulement une part d'enfant, s'il y en a plus de trois ; mais seulement en usufruit, la propriété réservée aux enfans qu'elle avoit pû avoir de ce mariage. C'est précisément la disposition de la loi Bavaroise : *æqualem inter filios suos, id est qualem unus ex filiis, usufructuariam habeat portionem.*

(12) Je ne puis quitter cette matière, sans recommander avec instance à nos législateurs de s'occuper enfin de ce qui concerne les femmes. Qu'avons-nous fait jusqu'à présent pour régler leurs mœurs ? Rien, à moins qu'on ne compte pour quelque chose la loi du divorce. Les femmes n'ont été nulle part plus honorées que chez les peuples libres ; mais nulle part aussi elles n'ont été plus honorables. Imitons à cet égard les institutions des anciens ; conservons, assûrons aux femmes les vertus qui leur sont propres, & elles obtiendront notre respect, elles le mériteront. Nous y sommes au fond plus intéressés qu'elles-mêmes. Malgré la confiance que nous avons quelquefois dans nos forces, & les reproches de tyrannie qu'elles nous font souvent, c'est un point reconnu que, dans tout pays, les hommes sont réellement gouvernés par les femmes. Quelle ample matière à réflexion pour le législateur ! Et combien il importe que cet empire naturel, inévitable, soit toujours celui de la raison & de la vertu !

(13) La loi Julie sur les fonds dotaux, & le sénatusconsulte Valléien, ont beaucoup de rapport en-

femble , mais ne font pourtant pas la même chofe. Pour la commodité des lecteurs à qui ces notions ne feroient pas familières , je vais les développer avec quelque étendue. Il eft bon d'ailleurs quand on propofe de réformer la légiflation fur un point , de commencer par rappeller diftinctement fon ancien état , afin que l'on puiffe voir fi les loix projettées valent mieux que celles exiftantes ou celles abrogées , qu'il fuffit fouvent de remettre en vigueur.

I. Ce qu'on appelle loi *Julia de fundo dotali* , n'eft qu'un chapitre de la loi portée par Augufte fur les adultères. Voyez les pandectes de Pothier , *liv.* XXIII, *tit. 5.* Ce chapitre étoit ainfi conçu : *Fundum italicum dotalem maritus invitâ uxore ne alienato , neve eâ confentiente obligato.*

La loi défendoit avec plus de févérité la fimple hypothèque que l'aliénation ; parce qu'une femme fe prête bien plus facilement à une fimple hypothèque qui lui laiffe fon héritage , avec l'efpérance que fon mari parviendra à le dégager , qu'elle ne confent à une aliénation qui l'exproprie dans l'inftant même. Du refte la loi ne parloit que des fonds , & des fonds fitués en Italie , comme plus précieux.

Juftinien , par la loi unique , au code *de rei uxor. act.* §. 15 , & par les inftitutes au tit. *Quibus alienare licet vel non , in princ.* , a fait deux corrections , ou plutôt deux additions à cette loi Julie. Il a étendu fa prohibition à tous les biens dotaux , en quelque lieu qu'ils fûffent fitués ; & a défendu l'aliénation , faite même du confentement de la femme , *ne fexûs muliebris fragilitas in perniciem fubftantiæ earum convertatur... ne fragilitate naturæ fuâ in repentinam deducatur inopiam.*

Toutes ces loix ne s'appliquoient qu'aux fonds *non estimés* donnés en dot au mari, lesquels seuls, ainsi que Justinien l'observe dans la loi citée, s'appelloient proprement fonds dotaux. Quant aux fonds *estimés* dont la pleine propriété appartenoit au mari, sauf l'estimation qu'il étoit tenu d'en rendre lors de la dissolution du mariage, ces loix ne les concernoient pas ; à plus forte raison ne s'étendoient-elles pas aux immeubles propres du mari, compris dans la donation à cause de noces, qui étoit une espèce de douaire, équivalente à une partie de la dot. Le mari pouvoit aliéner ou hypothéquer ces sortes de biens, sans le consentement de sa femme ; & celle-ci, de son côté, pouvoit en consentant aux aliénations ou hypothèques, renoncer au droit qu'elle avoit sur ces biens ou sur quelques-uns de ces biens. C'est ce que porte la loi d'Anastase, 21e. au cod. *ad senatusc. Velleïan.* mentionnée dans la loi de Justinien ci-dessus citée, & à laquelle cette dernière loi ne déroge pas. Voyez aussi la loi 11. au code sous le même titre.

Depuis, Justinien voulant assurer de plus en plus le sort des femmes, a défendu aux maris, par la nov. 61, d'aliéner ou hypothéquer les immeubles compris dans la donation à cause de noces, quand même la femme y auroit consenti ; à moins, dit-il, qu'il ne reste au mari des biens suffisans, *nisi apparuerit relictum sufficiens ad ante-nuptialis largitatis quantitatem.* Et à la fin il décide que la même chose doit s'observer à plus forte raison relativement à la dot : *Et multò potiùs hæc in dote valebunt, si quid dotis aut alienetur, aut supponatur.* Ce terme *dot*, qui est général, comprend la dot estimée, comme celle qui ne l'est pas.

A partir donc de cette novelle , les immeubles dotaux ,
quels qu'ils fûffent , n'ont pu être aliénés ou hypothéqués par le mari au détriment de la femme , même avec
fon confentement. Néanmoins (& dans ce point-ci Juftinien introduit un droit nouveau) la prohibition d'aliéner ou hypothéquer n'eft plus abfolue , comme elle
l'étoit dans la loi Julie , & dans la loi unique au code
de rei uxor. act. La novelle n'accorde aux femmes qu'une
récompenfe fur les biens exiftans de leur mari , & ce
n'eft qu'à défaut de ces biens qu'elle leur conferve le
plein exercice de leurs droits , en annullant les aliénations & hypothèques.

Quant au mobilier faifant partie de la dot ou de la
donation à caufe de noces , la novelle ne s'en occupe
pas , & la loi de l'empereur Anaftafe paroît à cet égard
refter en fon entier. Ainfi , fi la dot d'une femme con-
fiftoit en meubles , deniers comptans , ou dettes actives ,
comme il arrive le plus fouvent ; fi la donation à caufe
de mort étoit ftipulée en argent , la femme pouvoit ,
aux termes de la loi *Jubemus* , qui eft celle d'Anaftafe ,
renoncer à fon hypothèque , & perdre irrévocable-
ment , par ce moyen , fa dot ou fes avantages nuptiaux.
C'étoit une grande imperfection dans la légiflation Romaine.

Paffons au fénatufconfulte Velléien.

Ce fénatufconfulte n'étoit pas particulier aux femmes
mariées ; il s'étendoit généralement à toutes les femmes ,
& avoit pour bâfe un principe fort étranger à nos mœurs ,
favoir la vie retirée des femmes Romaines , & la bienféance d'alors qui leur interdifoit toutes fonctions , non-
feulement publiques , mais civiles , c'eft-à-dire toutes
celles qui exigeoient la préfence & la compagnie des

hommes. Une femme ne pouvoit pas se rendre caution pour autrui , en vertu de la même règle qui la mettoit dans l'impuissance d'accepter une procuration (loi 2 au dig. *de reg. jur.*). C'étoit-là la raison principale ; la foiblesse du sexe & son inexpérience en affaires que l'on a seule considérée dans les derniers tems , après la perte des mœurs , n'étoit qu'une raison secondaire. *Nam sicut moribus* , dit le jurisconsulte Paul, *civilia officia adempta sunt feminis , & pleraque ipso jure non valent : ità multò magis adimendum eis fuit id officium in quo non sola opera nudumque ministerium earum versaretur , sed etiam periculum rei familiaris.* L. 1. §. 1. Dig. *ad senatusc. Velleïan.*

Les maris furent les premiers , en profitant de l'ascendant qu'ils avoient sur leurs épouses , à les engager de se rendre caution pour eux ; & il fallut qu'Auguste d'abord , ensuite Claude , par des édits formels , défendissent aux femmes de s'obliger pour leurs maris.

Dépuis , le désordre étant devenu plus général , on y remédia par le sénatusconsulte Velleïen , ainsi appellé du nom de Velleïus son auteur , lequel défend indistinctement à toutes les femmes de s'obliger pour autrui. Ulpien , dans la loi 2. au digeste sous ce titre , nous a conservé la teneur du senatusconsulte , qui est très-remarquable. *Quod ad fidejussiones & mutuidationes pro aliis , quibus intercesserint feminæ , pertinet ; TAMETSI ANTÉ VIDETUR ITA JUS DICTUM ESSE , NE EO NOMINE AB HIS PETITIO NEVE IN EAS ACTIO DETUR; cùm eas virilibus officiis fungi , ut ejus generis obligationibus obstringi non sit æquum : arbitrari senatum , rectè atque ordine facturos , ad quos de eâ re in jure aditum erit , fi dederint operam ut in eâ re fenatûs voluntas fervetur.*

Comme ce fenatufconfulte n'avoit plus les mêmes fondemens depuis le changement des mœurs , les jurifconfultes y admirent des exceptions , & en fort grand nombre.

Enfuite Juftinien qui a prefque toujours gâté la jurifprudence , en ayant l'air de la perfectionner , fuppofant à cet égard je ne fais quelle variété dans les loix anciennes , ordonna par manière de tempérament, dans la loi *fi mulier perfecta ætatis* 22. cod. *ad fenatufc. Velleïan.* que fi une femme s'engageoit pour autrui , elle ne feroit pas liée par cette obligation , & par toutes les confirmations qu'elle pourroit faire dans le cours des deux années fuivantes , en quelque nombre qu'elles fûffent ; mais que fi , deux ans après cette première obligation , elle renouvelloit fon engagement, elle ne pourroit plus oppofer le fénatufconfulte Velleïen.

Depuis , il a dérogé à cette loi par la novelle 134, ch. 8 , d'où eft tirée l'authentique *fi qua mulier ;* mais la dérogation n'eft qu'en faveur des femmes mariées, & relative feulement aux obligations qu'elles auroient contractées pour leurs maris.

En forte que la loi *fi mulier* a fubfifté pour tous les autres cas , & les docteurs font partis de fa difpofition pour foutenir qu'une femme pouvoit , en connoiffance de caufe , renoncer au Velleïen ; ce qui , joint au grand nombre d'exceptions déjà admifes , a rendu ce fénatufconfulte à-peu-près inutile.

Voilà ce qu'étoient chez les Romains , & la loi Julie , & le fénatufconfulte Velleïen.

II. Voyons maintenant quelle exécution ces loix ont eue parmi nous.

La loi Julie est pleinement observée dans tous les pays de droit écrit, excepté, comme nous le verrons plus bas, dans le Lyonnois, Forez, Beaujolois & Mâconnois.

Au contraire, suivant le droit commun des pays coutumiers, où l'on ne connoit pas proprement de dot (il n'y en a point d'autre que le douaire), tous les biens de la femme, de quelque nature qu'ils soient, peuvent être valablement aliénés ou hypothéqués par elle avec l'autorisation de son mari, ou par le mari du consentement de sa femme.

Il faut excepter quatre coutumes dont les dispositions à cet égard se rapprochent beaucoup du droit écrit; savoir, Normandie, Bordeaux, Auvergne & la Marche.

La coutume de Normandie, dans l'art. 538, déclare l'aliénation des biens dotaux de la femme, faite de l'autorité de son mari, bonne & valable; elle entend par biens dotaux ceux qui ont été donnés à la femme en mariage, ou qui lui sont échus par succession ou donation en ligne directe. L'art. 539. lui accorde récompense pour ces aliénations sur les biens de son mari, avec hypothèque du jour du contrat ou de la célébration du mariage, si les deniers n'ont tourné à son profit; & l'art. 540 ajoute que, « si la » femme ne peut pas avoir récompense sur les biens » de son mari, elle peut s'adresser subsidiairement aux » détenteurs de ses héritages, lesquels ont l'option ou » de les lui laisser, ou de lui en payer la juste valeur, » suivant l'estimation au jour du décès du mari ».

Il n'y a qu'un cas où, suivant l'art. 541, la femme

ne

ne peut pas rétracter l'aliénation de son fonds dotal ; c'est lorsqu'elle l'a vendu pour rédimer son
mari qui n'a aucuns biens , de prison , guerre , ou
cause non civile , c'est - à - dire d'une *cause* d'empri-
sonnement autre qu'une dette *civile* , ou pour la
nourriture d'elle , de son mari , de ses père , mère ou
enfans en extrême nécesité. Mais pour que , dans ce
cas , la vente du fonds dotal ne puisse pas être révoquée , il faut qu'elle soit permise par le juge , en connoissance de cause , & d'après l'avis des parens de la
femme : c'est ce que prescrit l'art. 128. des placités
de 1666.

L'art. 542 accorde à la femme la même récompense
contre son mari , pour l'aliénation de ses immeubles ,
autres que ceux appellés dotaux , mais seulement avec
hypothèque du jour de l'aliénation ; en cas d'insuffi-
sance des biens du mari , elle lui donne le même recours
contre les tiers-détenteurs.

La coutume de Bordeaux , art. 53 , contient à-peu-
près les mêmes dispositions. « Si la femme , porte cet
» article , consent à l'aliénation des biens du mari ,
» & renonce à l'hypothèque , ce nonobstant, elle pourra
» demander son dot sur lesdits biens , s'il n'y a autres
» biens suffisans au paiement , & ne pourra renoncer
» à la coutume ». Cet article ajoute ensuite : » *idem*
» des biens propres de la femme » ; cela veut dire
que , si la femme consent à l'aliénation de ses propres ,
& qu'elle ne trouve pas à s'en récompenser sur les
biens de son mari , elle a pareillement un recours contre
les tiers-acquéreurs.

La coutume d'Auvergne , chap. 14 , art. 3 , déclare
l'aliénation des biens de la femme absolument nulle.

Vûes sur la réformation.　　　　　　　G

L'article suivant lui donne la faculté , ou à ses héri-tiers , à leur choix , de revendiquer les biens , ou d'en demander la récompense sur les biens du mari ; mais cette faculté ne dure qu'un an , à compter du décès du mari , ce qu'il faut étendre au cas de mort civile du mari , ou de séparation de biens , suivant l'apostille de Dumoulin sur cet article.

La coutume de la Marche , dans les articles 299 & 300 , contient précisément les mêmes dispositions.

Voilà pour la loi Julie.

Le sénatus-consulte Velleïen a eu parmi nous , du-moins en apparence , un empire plus étendu ; il a formé pendant long-tems le droit commun de la France , & étoit observé généralement tant en pays coutumier qu'en pays de droit écrit. Mais , les docteurs ayant établi que les femmes pouvoient renoncer au bénéfice du sénatus-consulte , cette loi salutaire en elle-même se trouva produire fort peu d'effet. Cependant comme il falloit , suivant les mêmes docteurs & suivant les arrêts , que la renonciation , pour être valable , eût été souscrite en connoissance de cause , les notaires étoient obligés , pour instruire les femmes de ce qu'elles faisoient , de leur déclarer & donner à entendre la force du sénatus-consulte Velleïen & de l'authentique *si qua mulier* , ainsi que l'effet de leur renonciation. Souvent ils y manquoient , par ignorance ou autrement ; ce qui , à l'inutilité de la loi devenue presque illusoire par les renonciations , ajoutoit l'inconvénient de donner lieu à des procès sans nombre.

Pour y remédier , Henri IV. par son édit du mois d'août 1606 , défendit aux notaires d'insérer dans les contrats , aucune renonciation au sénatus-consulte Vel-

léïen & à l'authentique *si qua mulier*, même d'en parler
en façon quelconque, & voulut que les femmes de-
meurâffent bien & valablement obligées fans ces renonciations.

Cet édit fut enregiftré d'abord au parlement de Paris,
le 22 mai 1607, & il eft exécuté dans tout ce qui
compofoit fon reffort, même dans les pays de Lyonnois, Forez, Beaujolois & Mâconnois, qui font régis
par le droit écrit ; mais non dans certaines coutumes,
telles que Poitou, Auvergne & la Marche, qui défendent aux femmes de s'obliger pour leurs époux,
parce que l'édit (obferve-t-on) déroge feulement au
droit romain, & non pas aux coutumes.

Cet édit a été enfuite enregiftré au parlement de
Dijon, le 7 août 1609.

Une déclaration de 1683, enregiftrée au parlement
de Bretagne le 23 décembre de la même année, a
ordonné pour fon reffort l'exécution de l'édit de 1606.

Un édit du mois de novembre 1703, enregiftré au
parlement de Franche-Comté le 3 janvier fuivant,
rappelle les difpofitions du même édit de 1606, & pro-
nonce la validité des obligations des femmes.

Cet édit de 1606 n'a point été enregiftré, ni fon
exécution ordonnée dans les autres parlemens. Ainfi,
à la réferve des pays de Bourgogne & de Franche-
Comté, de la Bretagne, & des diverfes provinces
autrefois foumifes au parlement de Paris, le Velleïen
parmi nous eft encore en pleine vigueur.

Il eft obfervé particulièrement en Normandie, où
l'on n'a point adopté les mitigations introduites par
Juftinien, & où l'on tient en conféquence que les femmes
ne peuvent pas renoncer au bénéfice du fénatus-con-

Iulte. Cela tranche court aux procès que Henri IV. a voulu prévenir par son édit, & le Velleïen y présente véritablement aux femmes une ressource utile.

J'ai dit qu'au moyen de l'enregistrement fait par le parlement de Paris, de l'édit de 1606, les quatre pays de Lyonnois, Forez, Beaujolois & Mâconnois qui dépendoient de son ressort, ne connoissent plus le sénatus-consulte Velleïen. Quoique ce sénatus-consulte soit totalement différent de la loi Julie sur le fonds dotal, on voulut prétendre dans ces quatre pays, surtout à Lyon, que l'édit de 1606 avoit abrogé l'une aussi-bien que l'autre, & que les femmes pouvant désormais s'obliger pour les dettes de leurs maris, avoient la faculté d'hypothéquer à ces mêmes dettes non-seulement leurs biens paraphernaux, mais leurs biens dotaux.

Ces prétentions furent proscrites par différens arrêts du parlement de Paris, rendus en 1657 & 1658, rapportés au long dans le recueil d'Henrys, liv. IV, quest. 14. Mais depuis elles ont été consacrées par une déclaration du mois d'avril 1664, regiftrée au parlement le 20 août de la même année, qui abroge entièrement la loi Julie dans les provinces de Lyonnois, Forez, Beaujolois & Mâconnois; c'est cette déclaration dont j'ai parlé dans le texte.

Le préambule porte qu'elle a été rendue sur la supplication des prévôt des marchands & échevins de la ville de Lyon, *pour la facilité du commerce;* & par l'arrêt d'enregistrement, on voit aussi que les officiers municipaux de la ville de Monbrifon, & ceux de Villefranche, en ont demandé l'exécution, de concert avec la municipalité de Lyon. Néanmoins la vérité

eſt, ſuivant Bretonnier, annotateur de Henrys , « que
» tout cela fut fait à la pourſuite du ſieur Perrachon
» de Saint-Maurice , fermier-général de la généralité
» de Lyon , qui avoit intérêt de mettre les ſous-fer-
» miers en état de pouvoir faire entrer leurs femmes
» dans les baux , & leur faire obliger leurs biens do-
» taux ». (Voy. Liv. IV , queſt. 8 , n. 16).

Louis XIV ne diſſimule pas dans ce même préambule , qu'il avoit ſouvent recours aux banquiers de
Lyon , dont les correſpondances étendues leur four-
niſſent , dit-il , » les moyens de faire tenir à nos offi-
» ciers & autres employés à notre ſervice dans les pays
» les plus éloignés , toutes les ſommes dont ils peu-
» vent avoir beſoin , deſquels (ajoute-t-il) les rois nos
» prédéceſſeurs & nous avons tiré des ſecours très-
» conſidérables dans les occaſions preſſantes de notre
» état , dans la guerre & dans la paix ; ce qu'il leur
» ſeroit impoſſible de faire par le peu d'aſſurance qu'ils
» pourroient donner de leur part des grandes ſommes
» qu'il leur eſt néceſſaire d'emprunter... , ſi leurs fem-
» mes ne pouvoient non plus donner aucune ſûreté
» ſur tous les ſuſdits biens qu'elles ont en leur pou-
» voir. »

(14) Suivant le droit Romain , ceux que l'on appelloit *affirmatores* ou certificateurs , étoient regardés
comme cautions du tuteur dont ils atteſtoient l'ido-
néité : *Qui ſcilicet cùm tutores idoneos eſſe affirmaverint ,
fidejuſſorum vicem ſuſtinent* , dit la loi 4 , §. dernier ,
au. Dig. *de fidejuſſoribus tutorum.* Les parlemens de droit
écrit ont appliqué cette loi aux parens nominateurs ;
mais à l'exception du parlement d'Aix , ils ne les aſ-
ſujettiſſent à garantir la ſolvabilité du tuteur qu'au mo-

G 3

ment de l'élection. Le parlement de Paris jugeoit autrefois comme celui d'Aix. Il obligeoit les parens nominateurs de garantir l'adminiſtration du tuteur, & il
ne diſtinguoit pas s'ils l'avoient choiſi dans un tems où
il étoit ſolvable, ou non. C'eſt ce qu'atteſte Chopin,
de mor. Paris. lib. 2. tit. 7. n°. 11, & ce que prouvent divers arrêts rapportés par Carondas, tant dans
ſes pandeƈtes que dans ſes réponſes. Le premier arrêt
que le parlement de Paris a rendu contre cette juriſprudence, eſt du 14 août 1587 ; il a jugé que les parens nominateurs n'étoient point garans de l'inſolvabi-
lité ſurvenue depuis la nomination. Le 14 décembre
1600, il en eſt intervenu un autre qui a été plus loin ;
il a décidé qu'encore que les parens euſſent choiſi un
tuteur *inſolvable & mauvais ménager au tems de la nomination*, il n'y avoit aucun recours contr'eux. Pareils
arrêts en 1603 & 1640. La juriſprudence s'eſt toujours
relâchée, à meſure que nous avons perdu nos mœurs
& notre caraƈtère. Voyez à cet égard dans le réper-
toire l'article *tutèle*, rédigé par M. Merlin, & dont
l'exaƈtitude ne laiſſe rien à deſirer.

PROJETS DE LOIX

Sur les matières traitées dans les paragraphes
précédens.

I.

Adoption — Légitimation.

1.

Toute perfonne mariée ou non mariée, ayant ou n'ayant pas d'enfans, pourra en adopter jufqu'à trois, pourvû qu'il n'en ait pas déjà ce nombre, foit par naiffance en légitime mariage, légitimation ou adoption ; s'il en a moins, il pourra feulement en adopter ce qui fera néceffaire pour compléter le nombre de trois.

2.

Cette limitation n'aura lieu que dans les villes : à la campagne, un père ou une mère, quels que foient le nombre & la qualité de leurs enfans, pourront toujours en adopter autant qu'ils le croiront convenable.

3.

Ceux qui auront vécu dans le célibat, ne pourront faire aucune adoption avant l'âge de 50 ans.

4.

Nul enfant ne pourra être adopté par des per-

fonnes mariées, que conjointement & avec le libre confentement de l'un & de l'autre.

5.

Des hommes veufs ou garçons, ne pourront
adopter que des perfonnes de leur fexe ; il en fera
de même des veuves ou filles.

6.

Pour être admis à adopter un enfant, il faudra
avoir au moins 18 ans plus que lui.

7.

Sil l'enfant adoptif eft majeur, il fuffira de
fon confentement pour la validité de l'adoption.

8.

S'il eft en minorité, il faudra que l'adoption
foit confentie de fes père & mère, ou du fur-
vivant defdits père & mère, ou, à leur défaut,
de fon tuteur ou curateur, autorifés *ad hoc* par
délibération de la famille, dûment homologuée
par le tribunal de diftrict.

9.

Les juges ne devront accorder cette homologa-
tion qu'en grande connoiffance de caufe, & après
avoir fcrupuleufement examiné quelles font les
facultés du mineur, & celles des père & mère
adoptifs, la conduite de ces derniers, l'état de

leur famille , les vrais motifs qui ont décidé les
parens à approuver l'adoption , fi c'eft le bien du
pupille , ou au contraire leur intérêt propre , tel
que celui de la part du tuteur, de fe décharger de
la tutèle , & de la part des autres parens , d'être
affranchis de la refponfabilité.

10.

Si la perfonne qui adopte , a fes père &
mère vivans , il faudra auffi que lefdits père
& mère y confentent ; faute de quoi l'enfant
adoptif fera exclus de leurs fucceffions.

11.

L'acte d'adoption ne pourra avoir lieu qu'après
que le projet en aura été publié & affiché en la même
forme que les promeffes de mariage , dans le lieu
du domicile actuel, tant des futurs père & mère,
que du futur enfant adoptifs ; & fi ce dernier eft
mineur, dans le lieu du domicile de fes père &
mère , tuteur ou curateur.

12.

L'affiche demeurera expofée pendant un mois ;
elle contiendra les noms & qualités des père &
mère adoptifs, ceux de l'enfant , même s'il eft
mineur, les noms de fes père & mère , ainfi que
leur état & profeffion , & une fimple annonce que
tel & telle fe propofent de l'adopter.

13.

Il ne pourra être formé d'opposition à aucun acte d'adoption, que pour cause qui le rendroit nul, aux termes de la présente loi, & par exploit qui exprime l'espèce de cet empêchement, & qui porte élection de domicile dans le district où elle est formée, pour toute la durée de l'instance qui pourroit s'introduire en main-levée de l'opposition.

La partie opposante sera tenue de signer son opposition sur la minute & sur la copie, ou de la faire signer de même par son fondé de procuration spéciale, laquelle sera transcrite en tête de ladite copie; cette copie sera signifiée à l'officier public chargé de constater l'état des citoyens, qui mettra son visa sur l'original, & en fera mention sommaire sur le registre des publications.

14.

Toutes oppositions à adoption, faites sans observer les formes prescrites en l'article précédent, seront regardées comme non avenues; & il sera passé outre, sans qu'il soit besoin de les faire annuller par jugement.

15.

Et à l'égard des oppositions formées suivant

les difpofitions de l'art. 13 , la main-levée en
fera demandée & pourfuivie devant les juges de
diftrict du domicile de celui contre qui l'oppofition
aura été formée , lefquels en connoîtront priva-
tivement à tous autres juges , & néanmoins à
la charge de l'appel, qui fera toujours fufpenfif
en cette matière.

16.

L'adoption fe fera dans la falle publique de
la maifon commune du lieu du domicile , foit
des parens ou de l'enfant adoptif , & en préfence de quatre témoins majeurs qui fachent figner ,
s'il peut s'en trouver aifément dans le lieu ; elle
confiftera dans une fimple déclaration des père
& mère adoptifs, qu'ils adoptent un tel enfant ,
& dans celle de l'enfant, ou de fes père & mère,
tuteur ou curateur , qu'ils acceptent l'adoption :
l'officier public donnera acte aux parties de leurs
déclarations refpectives.

17.

Elles ne pourront être admifes à faire ces déclarations qu'en rapportant les actes de leur naiffance , le certificat de publication & affiche du
projet d'adoption en la forme ci-devant pref-
crite , & la main - levée des oppofitions , fi
aucune eft furvenue ; enfemble fi l'enfant eft fils
de famille ou mineur, le confentement par acte

authentique, soit de ses père & mère, soit de son tuteur ou curateur, autorisés comme dessus.

18.

L'acte de consentement des père & mère, ou du tuteur ou curateur, ne sera point nécessaire, lorsqu'ils assisteront à l'adoption ; il faudra seulement, à l'égard du tuteur ou curateur, qu'il représente la délibération de famille approbative de l'adoption, & le jugement du tribunal qui l'aura homologuée.

19.

L'adoption pourra se faire aussi par testament ; mais elle n'aura d'effet, qu'autant qu'elle aura été acceptée dans la même forme & après les mêmes formalités que l'adoption faite entre-vifs.

20.

Il en sera usé de même, lorsque l'adoption aura été faite pour le compte du défunt, par délibération de sa famille, aux termes de la loi concernant les successions.

21.

Dans l'un & l'autre cas, le consentement des père, mère, ou autres ascendans du défunt devra indifpenfablement être rapporté ; fous la peine exprimée par l'art. 10.

22.

L'acte d'adoption fera infcrit fur un regiftre tenu à cet effet, & figné par les père & mère adoptifs, par l'enfant adoptif, s'il fait figner, par les quatre témoins & par l'officier public ; fi quelqu'un des témoins ou des parties ne fait ou ne peut figner, il en fera fait mention.

23.

En cas d'adoption d'un mineur, quand l'enfant aura atteint l'âge de quinze ans, fi c'eft une fille, & de dix-huit ans, fi c'eft un garçon , l'acceptation de l'adoption fera par lui renouvellée, en pré- fence de fes parens adoptifs, s'il font vivans, lef- quels de leur côté réitéreront la déclaration d'adop- tion ; fi les uns ou les autres s'y refufoient, trois mois après l'adoption demeurera fans effet.

24.

L'enfant ne pourra refufer de ratifier l'engage- ment d'adoption que par le confentement de fes père & mère naturels, ou de fes tuteur ou curateur à ce autorifés par la famille.

25.

Les père & mère adoptans qui ne voudront pas

renouveller leur engagement d'adoption pour des
enfans arrivés en l'âge énoncé dans l'art. 23 , quoique ceux-ci confentent à le ratifier , ne pourront
être autorifés à rompre leur adoption que par
jugement du tribunal de diftrict du domicile de
l'adopté , prononcé fur les conclufions du miniftère public , après avoir entendu les père &
mère naturels de l'enfant , ou fon tuteur ou
curateur.

26.

Si les motifs des père & mère adoptans font
fondés fur des faits graves imputés à l'enfant &
prouvés , les juges déclareront qu'il y a lieu de
diffoudre l'adoption fans indemnité de la part
des parens.

27.

Si le tribunal ne reconnoît pas que l'enfant
foit coupable de faits de cette nature , en dé-
clarant qu'il y a lieu à la diffolution de l'adoption ,
les juges prononceront contre les père & mère
adoptans , une indemnité en faveur de l'enfant
rejetté , qui s'élevera à la moitié de fa portion
héréditaire , & lui fera payée fur le champ.

28.

La ratification de l'adoption renouvellée par
les parens adoptans & les enfans adoptés , ou

la diffolution , fe fera avec la même folemnité que celle de l'adoption.

29.

L'enfant qui aura particulièrement à fe louer des foins de fes parens adoptifs , fera autorifé avec le confentement de fes père & mère naturels , tuteur ou curateur , & du procureur de la commune , à en témoigner publiquement fa reconnoiffance ; le nom des parens , ainfi remerciés , fera infcrit dans un tableau affiché dans le lieu des féances du confeil général de la commune , & il en fera fait mention dans les procès-verbaux tant des affemblées primaires que du confeil du département.

30.

Si avant l'époque de la ratification de l'adoption , les père & mère adoptans venoient à mourir , l'enfant adoptif jouiroit de fa part d'enfant ; fon tuteur feroit tenu d'en rendre compte , & d'en remettre les fonds à la famille des parens décédés , fi à l'âge ci-deffus énoncé l'enfant réclamoit contre l'adoption ; il lui feroit remis à lui-même à l'âge de majorité , s'il n'avoit fait aucune réclamation.

31.

L'enfant adoptif jouira , dans la famille qui

l'aura adopté , de tous les droits des enfans légitimes. Il partagera avec eux , par portion égale , la fucceffion des père & mère communs, même celles de leurs afcendans qui auroient confenti à l'adoption ; il portera les noms de fon père adoptif, ou de fa mère adoptive , s'il a été adopté par une femme , & leur fera uni , ainfi qu'à leur famille , par le même lien de parenté que s'il fût né d'eux en légitime mariage.

32.

Réciproquement l'enfant adoptif fera exclus des fucceffions de fes père & mère naturels & de leurs afcendans , & ne confervera avec eux & leur famille qu'une relation de parenté purement naturelle ; toutefois il continuera de porter le nom qu'il a reçu lors de fa naiffance , auquel feulement il ajoutera celui que l'adoption lui aura donné.

33.

La légitimation des enfans bâtards , aura lieu par la feule volonté de leurs père ou mère naturels, dans les mêmes termes que l'adoption , c'eft-à-dire dans le cas où lefdits père ou mère n'auroient point d'enfans , ou n'en auroient que le nombre qui n'empêche pas d'adopter , fuivant les difpofitions de la loi ; & à la charge auffi ,

(113)

ſi leſdits père ou mère ſont mariés , que l'autre
conjoint prêtera ſon conſentement à la légitimation.

34.

Cet acte ſera revêtu des mêmes formalités
que l'adoption , & produira en tout les mêmes
effets.

I I.

Succeſſions — Diſpoſitions.

1.

Aucune perſonne mariée , ou ayant des enfans,
ſoit légitimes , ou légitimés , ou adoptifs , ne
peut aliéner , engager ni hypothéquer ſes immeubles au préjudice des alimens qu'il doit à
ſes enfans exiſtans ou à ceux qui naîtront par
la ſuite de ſon mariage ; ni pareillement diſpoſer à titre gratuit d'aucune partie de ſes biens ,
au préjudice des alimens & de la légitime deſdits
enfans.

2.

Les alimens comprennent tout ce qui eſt néceſſaire pour faire vivre l'enfant , l'élever &
l'établir ; ils doivent être arbitrés à proportion
des facultés des père & mère , ſans néanmoins
qu'ils puiſſent excéder une rente de 400 liv.
rembourſable , lors de l'établiſſement ou de la
majorité , d'une ſomme de 10,000 liv. : ce taux

fera pris en confidération tous les dix ans par
les légiflatures , qui pourront l'augmenter ou
diminuer.

3.

L'enfant ne peut rien exiger à titre d'alimens,
s'il eſt en état d'y fournir fur fon propre bien ,
ou s'ils lui ont été fournis convenablement : ce
qui pourra être conſtaté par une délibération de
famille , dûment homologuée au tribunal de diftrict , foit avec l'enfant lui-même , s'il eſt majeur,
foit avec fon fubrogé tuteur , s'il eſt encore en
minorité. Cette délibération vaudra pleine décharge
aux père & mère vis-à-vis de l'enfant , qui déſor-
mais ne pourra plus intenter aucune action pour
fait d'alimens , ni contre fefdits père & mère ,
ni contre leurs héritiers , fucceſſeurs ou biens-
tenans.

4.

Les alimens font à prendre , premièrement fur
les biens du père , & , en cas d'infuffifance
feulement , fur les biens de la mère , tant ceux
qui leur auroient appartenus lors du mariage ,
ou lors de l'acte de légitimation ou d'adoption ,
que ceux qu'ils auroient acquis ou qui leur feroient échus depuis cette époque ; l'enfant
légitimé ou adopté qui ne l'auroit été que par
une feule perfonne , prendra fes alimens eu tota-

lité fur les biens de celui ou celle qui l'auroit
légitimé ou adopté.

5.

La légitime eft pour chaque enfant la moitié
de la portion qu'il auroit eue dans la fucceffion
de fes père, mère, aïeul, aïeule, ou autre
afcendant, s'il n'avoit pas donné ou tefté.

6.

Les alimens ne fe confondent pas avec la
légitime, & ne font point imputés fur icelle,
fauf ce qui eft donné pour l'établiffement.

7.

La légitime n'eft due qu'aux enfans nés en
loyal mariage, ou légitimés, ou adoptés fuivant
la loi ; les alimens font dûs aux enfans, quels
qu'ils foient : mais les bâtards n'ont hypothèque
pour leurs alimens fur les biens de leurs père &
mère, que du jour où ceux-ci les ont reconnus
par acte authentique, ou ont été condamnés par jugement à s'en charger.

8.

Le propriétaire peut difpofer foit entre-vifs ou
à caufe de mort, & au profit de quelques-uns
de fes enfans, ou de toute autre perfonne capable, de tout ce qui lui refte de fes biens, les

æimens & légitimes déduits; mais à la charge, s'il en dispose à titre gratuit, de ne pouvoir attribuer à chacun de ses donataires ou légataires, plus du tiers dudit excédent, si ce n'est en usufruit.

9.

Sont exceptés de la clause précédente les conjoints par mariage, lesquels peuvent se donner, soit en propriété ou en usufruit, de la manière permise ci-après, la totalité de leurs biens disponibles.

10.

L'exhérédation continuera d'être permise à l'égard des enfans despectueux ou dénaturés.

11.

L'usage des substitutions fidéicommissaires est aboli, & il ne pourra en être fait par aucun acte.

12.

Pourront néanmoins les père, mère, & autres ascendans, interdire à un ou plusieurs de leurs enfans ou descendans, la faculté d'aliéner, disposer & hypothéquer, à la charge que cette interdiction ne pourra jamais excéder 6000 liv. de rente pour chacun des enfans, quelle que soit la valeur des biens de celui qui dispose; toute in-

terdiction de ce genre qui excédera 6000 liv.
de rente, y sera réduite.

13.

Cette interdiction sera rendue notoire par publication à l'audience & signification aux notaires
publics du lieu du domicile de l'interdit, de même
que les interdictions prononcées en justice.

14.

Lorsque l'enfant ou descendant aura atteint
l'âge de 21 ans accomplis, soit lors, soit depuis
le décès de l'ascendant qui aura prononcé contre lui l'interdiction ci-dessus, il pourra, s'il est
capable de gouverner sagement sa fortune, être
déchargé de cette interdiction par arrêté du tribunal domestique de famille, composé ainsi qu'il
est dit en l'art. XV. du tit. X. de la loi sur
l'organisation judiciaire. Cet arrêté ne pourra être
exécuté qu'après qu'il aura été confirmé par le
tribunal de district qui entendra l'interdit récla-
mant, & le commissaire national, chargé de
vérifier, sans formes judiciaires, les motifs de la
famille.

15.

Tous biens, de quelque nature qu'ils soient,
seront, après la mort du propriétaire décédé *ab
intestat*, recueillis & partagés par égale portion

entre tous fes enfans , mâles & fémelles, aînés ou puînés , du même mariage ou de plufieurs.

16.

Si un , ou plufieurs, ou tous les enfans font décédés avant l'ouverture de la fucceffion, la part qui auroit apparrenu à chacun d'eux, appartiendra par repréfentation à fes enfans , qui la partageront de même également ; & il en fera ufé ainfi de dégré en dégré.

17.

La fucceffion directe afcendante eft abolie ; fauf l'exercice du droit de retour à l'égard des chofes données , s'il a été expreffément convenu.

18.

Les frères & fœurs' d'un défunt lui fuccèdent à défaut d'enfans, en un feul cas, favoir lorfqu'ils excèdent le nombre de trois, y compris le défunt ; les neveux & nièces nés d'un frère ou d'une fœur prédécédés , font comptés pour une tête à l'effet de former ce nombre, & viennent par repréfentation à la fucceffion avec leurs oncles & tantes : hors ce cas, il n'y a point de fucceffion collatérale.

19.

Toute perfonne non mariée, ayant en biens-fonds 800 liv. de revenu net, ou en quelques biens que ce foit, 1200 liv. de pareil revenu non-viager, fera tenue, fi elle n'a point d'enfans, ni des frères & fœurs, au nombre de trois pour le moins, ou des neveux & nièces qui les repréfentent, de fe donner un enfant par adoption.

20.

Si la perfonne eft mariée, il faudra, pour qu'elle foit obligée d'adopter un enfant, que fon revenu net s'éleve à 1600 liv., & 2400 liv. dans les qualités ci-deffus.

21.

Ceux qui auront des enfans, mais moins de trois, feront tenus d'en adopter jufqu'à concurrence de ce nombre, mais feulement dans les cas ci-après :

Si, ayant deux enfans, ils fe trouvent pofféder en biens-fonds 18,000 liv. de revenu net, ou en quelques biens que ce foit, 27,000 liv. de pareil revenu non - viager, ils feront tenus d'adopter un troifième enfant.

Ceux qui n'ayant qu'un feul enfant, jouiront d'un revenu net de 12000 ou de 18000 liv. dans les qualités ci-deffus, feront tenus d'adopter un deuxième enfant.

Ceux dont le revenu n'excédera pas 6000 ou

9000 liv. , dans les mêmes qualités ci-dessus ,
quoique n'ayant qu'un seul enfant, ne seront
tenus d'en adopter aucun.

22.

Si les personnes désignées dans les trois articles
précédens, meurent sans s'être donné des héritiers
par la voie de l'adoption , ou le nombre d'héritiers ci - dessus prescrit , il leur en sera pourvu
par délibération de la famille , assemblée à cet
effet devant le juge de paix , qui , en cas de difficulté sur le choix des sujets , renverra la décision
au tribunal de district.

23.

Les bâtards de celui auquel il s'agira de succé-
der , seront toujours préférés pour l'adoption ,
lorsque leur filiation sera constante. A leur défaut ,
on choisira, autant qu'il sera possible, des parens;
mais sans s'astreindre à suivre le degré de pro-
ximité , ni même à prendre les sujets dans la
famille, s'il ne s'y en rencontre pas de méritans.

24.

Si la personne défunte à qui il sera donné des
héritiers , n'avoit pas au dessus d'eux l'âge prescrit par l'art. 6. de la loi concernant les adop-
tions, ces héritiers ne seront point appellés enfans,
mais frères ou sœurs adoptifs du défunt.

25.

Les étrangers, quoiqu'établis hors du royaume,
font capables de recueillir en France les fucceffions
de leurs parens , même François ; ils pourront
également recevoir les biens qui leur feront donnés
ou légués , & difpofer par teftament de ceux
qu'ils poffiéderont en France, en faveur , foit de
François , foit d'étrangers : ce qui fera obfervé
fans reftriction, en tems de guerre comme en tems
de paix , & quand même les nations où lefdits
étrangers auroient leur domicile , n'accorderoient
pas à cet égard aux François la réciprocité.

26.

Les fucceffions de ceux qui mourront fans enfans , ni frères & fœurs habiles à leur fuccéder,
& fans une fortune fuffifante pour qu'il leur foit
donné des héritiers adoptifs , feront dévolues,
s'ils n'en ont autrement difpofé, à la caiffe des
pauvres du département, qui , d'après l'avis du
directoire de diftrict , en diftribuera le produit
aux parens pauvres du défunt , s'il en exifte , finon
aux autres pauvres du département.

III.

Droits des conjoints par mariage.

1.

Les contrats de mariage font fufceptibles de

toutes les claufes qui ne font point prohibées par les loix, ni contraires aux bonnes mœurs.

2.

A défaut de conventions, il n'y a ni dot, ni communauté, ni douaire, ou autres pareils gains nuptiaux ; la femme prend feulement dans la fucceffion de fon mari une part d'enfant, comme récompenfe de fa collaboration, & le mari eft feul tenu de toutes les charges du mariage.

3.

Le mari eft effentiellement le chef de la fociété conjugale, &, à ce titre, fa volonté doit prévaloir dans tout ce qui a rapport au mariage ; il peut en conféquence exiger que fa femme le fuive par-tout où il juge à propos d'établir fon domicile ou fa réfidence, fi ce n'eft en pays étranger.

4.

La femme ne peut rien faire de valable, & qui ait effet civil, de fon vivant, fans l'autorifation de fon mari ; elle ne peut, fans cette autorité, ni aliéner entre-vifs ou contracter en quelque manière que ce foit, ni efter en jugement, le tout s'il n'eft autrement réglé par le contrat de mariage.

5.

Cette autorifation peut être fuppléée par le

juge, fi elle eft refufée par le mari fans caufe raifonnable, ou fi le mari eft en démence ou abfent, pourvû qu'en ce dernier cas l'affaire ne comporte point de retard.

6.

La femme féparée de biens, ou qui a obtenu la reftitution de fa dot, n'a pas befoin d'autorifation pour tous les actes, même judiciaires, qui ont trait à la fimple adminiftration de fes biens.

7.

La femme marchande publique peut auffi s'obliger fans autorifation touchant le fait de fon commerce, & même oblige à cet égard fon mari, lorfqu'elle eft commune; mais elle ne peut plaider fans autorifation.

8.

Une femme n'eft point réputée marchande publique, quoiqu'elle aide fon mari dans fon commerce; mais uniquement lorfqu'elle fait un commerce féparé, & autre que celui de fon mari.

9.

Toute femme mariée, pourfuivie criminellement, peut défendre à l'accufation, fans avoir befoin d'être autorifée ni affiftée de fon mari.

10.

L'autorifation peut s'interpofer en quelques termes que ce foit, & s'établir par tout acte, duquel on peut induire raifonnablement l'approbation du mari.

11.

Le mari, s'il n'eft autrement convenu, a l'entière adminiftration des biens de fa femme; mais à la 'charge de rendre compte du tout à elle ou fes héritiers, même des fruits.

12.

Il peut, fans fa femme, intenter les actions qui concernent cette adminiftration, & y défendre; mais il ne peut fans fon concours, débattre les actions qui intéreffent la propriété.

13.

La femme, de l'autorité de fon mari, peut hypothéquer fes biens, même les aliéner, & renoncer aux droits d'hypothèque ou autres qu'elle a pour fa dot, & fes conventions matrimoniales.

14.

Il lui eft dû récompenfe fur les biens de fon mari, du jour de fon contrat de mariage ou de la célébration d'icelui, pour raifon defdites aliénations & renonciations, à moins qu'il n'ait été fait un remploi, ou que le contrat n'ait tourné à fon profit, par exemple à l'acquittement de fes dettes ; mais fi le mari eft infolvable , elle peut exercer fon recours contre les tiers - détenteurs , qui font obligés de lui délaiffer l'immeuble, ou de lui en payer le jufte prix , fuivant l'eftimation au jour de la diffolution du mariage ; & , dans le même cas d'infolvabilité du mari , les droits d'hypothèque ou autres qu'avoit la femme , font confervés nonobftant la renonciation.

15.

Ce recours ceffe contre les tiers-acquéreurs & biens-tenans , fi les aliénations ou renonciations ont été faites par une urgente néceflité , comme pour tirer le mari de prifon ou pour procurer fa fubfiftance , celle de la femme , de leurs père & mère , ou des enfans communs , même pour la dotation de ceux-ci ; mais, dans tous ces cas, les aliénations & renonciations ne font irrévocables , que lorfqu'elles ont été permifes par le juge , après délibération de la famille & en connoiffance de caufe.

16.

La femme , de l'autorité de fon mari , peut s'obliger indiftinctement , foit pour fon mari ou pour des étrangers ; mais fous les modifications portées par les articles précédens.

17.

Le mari & la femme ne peuvent rien se donner entre-vifs , mais seulement par acte de dernière volonté ; & en conséquence tous les dons qu'ils se pourroient faire de leur vivant pendant la durée du mariage, sont révocables, & n'ont d'effet que lorsqu'ils sont confirmés par la mort.

18.

Tout ce qui est dans la maison du mari est présumé lui appartenir , s'il n'y a preuve du contraire ; les acquisitions même que la femme auroit pu faire durant le mariage, en quoi qu'elles consistent , sont censées provenir de la libéralité du mari , & en cette qualité lui appartiennent jusqu'à son décès , à moins que la femme ne montre clairement qu'elles ont une autre origine.

19.

Les prohibitions portées par l'édit des secondes nôces, & généralement toutes défenses de s'avantager entre conjoints, autres que celles énoncées en la présente loi , sont abolies.

I V.

Droits respectifs des enfans , & de leurs père & mère — Tutèle — Curatèle.

1.

Les droits des enfans sont 1°. d'être nourris,

éduqués & établis convenablement par leurs père & mère ; 2°. de leur fuccéder, au moins pour la portion que la loi leur affûre, & qui eft ap-pellée *légitime*.

2.

Les père & mère ont droit de correction fur leurs enfans ; ils peuvent même, dans le cas d'une inconduite pouffée à l'excès, les faire en-fermer dans une maifon de correction, pour le tems & avec les précautions déterminés par la loi.

3.

Les père & mère peuvent exiger de leurs enfans tous les fervices auxquels ils font propres, tant qu'ils vivent avec eux, & font à leur charge.

4.

S'il leur advient quelque bien par donation, legs ou autrement, les père & mère en font légitimes adminiftrateurs, mais à la charge d'en rendre compte ; ils peuvent feulement prélever fur les revenus de ces biens, ce qui eft néceffaire pour leur entretien & éducation.

5.

Les père & mère, quoiqu'appellés par la loi à gérer le bien de leurs enfans, ne peuvent s'im-mifcer dans cette adminiftration, s'ils n'y font

préalablement autorifés par délibération de la famille , convoquée devant le juge de paix, en la
manière qui fera preferite ci-après pour les tutèles.

6.

Les parens peuvent refuſer aux père & mère
leur autorifation, s'ils leur paroiſſent infolvables,
ou exiger qu'ils donnent bonne & fuffifante
caution.

7.

La mère furvivante à qui cette adminiftration
eft déférée , peut s'en excufer ou même s'en
démettre après l'avoir acceptée , mais à la charge
de faire pourvoir ſon enfant d'un tuteur ; &
l'adminiftration demeure à ſes rifques juſqu'à
cette nomination.

8.

Les enfans en puiſſance de père & mère ne
peuvent point s'obliger en contractant ſans leur
autorité, ni fur-tout fe marier fans leur confentement.

9.

Ils ne peuvent efter en jugement que par le
miniftère de leurs père & mère , fi ce n'eft en
matière criminelle, lorſqu'ils font accufés.

10.

Ce pouvoir des père & mère ceffe du côté
des

des enfans, 1°. par la majorité, & 2°, par l'émancipation, mais dans ce dernier cas d'une manière
imparfaite. L'enfant émancipé eſt maître de ſa
perſonne. Quant à ſes biens, il a la diſpoſition
de ſes meubles, mais ſeulement la jouiſſance du
revenu de ſes immeubles ; il ne peut les aliéner.
Il ne peut de même contraƈter mariage ſans le
conſentement de ſes père & mère , ni eſter en
jugement ſans leur aſſiſtance.

11.

La majorité s'acquiert à 21 ans accomplis.

12.

L'émancipation ſe fait par délibération de la
famille, intervenue ſur la demande de l'enfant,
& homologuée par le tribunal de diſtriƈt.

13.

Le pouvoir des père & mère ceſſe auſſi de
leur côté par la privation qu'ils en auroient en-
courue ; mais une ſi grande peine ne peut être
prononcée contre eux que pour les raiſons les
plus graves.

La mère cependant eſt toujours déchue de cette
autorité, quand elle ſe remarie ; mais, dans ce
cas-là même, on lui conſerve ordinairement l'éducation de ſes enfans.

Vûes ſur la réformation.   I

14.

Les mineurs font réputés majeurs pour le fait de leur commerce ou profeſſion.

15.

Ils font pareillement émancipés par le mariage, à l'effet d'adminiſtrer leurs biens, & peuvent même plaider en ce cas fans l'aſſiſtance de perſonne, pour tout ce qui intéreſſe cette adminiſtration.

16.

Dans aucun tems de la vie, il n'eſt permis à des enfans d'oublier ce qu'ils doivent aux auteurs de leurs jours ; ils ne peuvent fe marier à quel-qu'âge qu'ils foient parvenus, fans requérir au préalable le confentement de leurs père & mère, & s'ils y manquent, ou violent avec excès de quelqu'autre manière les devoirs de la piété filiale, ils encourent la peine de l'exhérédation.

17.

Tout ce qui a été dit ci-deſſus de l'autorité des père & mère, s'entend du père principa-lement, tant qu'il vit & eſt en état d'agir ; & ne s'applique à la mère fans reſtriction, que lorſque le père eſt mort ou interdit.

18.

Les enfans font folidairement tenus de fournir

des alimens à leurs père & mère tombés dans l'indigence, & de s'obliger, même de vendre s'il le faut, une partie de leurs biens, pour les tirer de prison où ils seroient détenus; le tout néanmoins pourvû que les père & mère aient fait de leur côté, quant à l'éducation & établissement de leurs enfans, ce qui étoit en leur pouvoir.

19.

S'ils se sont acquittés imparfaitement de leurs obligations à cet égard, les enfans n'en sont pas moins astreints à leur fournir des alimens; mais ils peuvent être dispensés de payer les dettes de leurs père & mère, quoiqu'elles aient occasionné leur détention, & les alimens peuvent être taxés avec plus de réserve.

20.

Si les père & mère avoient oublié totalement leurs devoirs, jusqu'à exposer leurs enfans, ou à les mettre dans un hôpital pour se débarrasser du soin de leur éducation, les enfans à leur tour seroient déchargés de l'obligation de les nourrir dans leur tems de détresse.

21.

Cette obligation étant fondée sur la nature, regarde les bâtards aussi bien que les autres enfans.

2 2.

A défaut de la puissance des père & mère, l'enfant mineur non-émancipé passe sous l'autorité d'un tuteur, qui en est le supplément & l'imitation.

23.

S'il y a des ascendans, la tutèle leur est dévolue, avec préférence des mâles aux femmes, & des parens paternels aux maternels.

24.

Celui à qui la tutèle est déférée, ne peut en commencer l'exercice qu'après y avoir été autorisé par délibération de la famille, & avoir fourni, si les parens l'exigent, bonne & suffisante caution.

25.

Les femmes peuvent s'excuser de cette tutèle, ou s'en décharger, sous la condition ci-dessus exprimée par l'art. 7 ; & elles en sont toujours privées, si elles se remarient.

26.

A défaut d'ascendans, si le père ou la mère ont par leur testament nommé un tuteur, il doit être confirmé, à moins qu'il n'y ait de grandes raisons pour s'écarter de ce choix ; mais aussi à la charge de donner caution, si les parens le requièrent.

(133)

27.

S'il n'y a ni afcendant ni tuteur défigné par
le père ou la mère , il en fera nommé un par
la famille.

28.

Pour cet effet , le plus proche parent collatéral du mineur eft tenu de faire affembler les
autres parens , dans un mois à compter du jour
du décès qui donne ouverture à la tutèle ;
finon il demeure refponfable du dommage que
les mineurs pourroient fouffrir par fa négligence.

29.

Après le délai d'un mois expiré , & faute par
le parent plus proche d'avoir fatisfait au précédent article , il fera procédé dans quinzaine ,
à fes frais , & à la diligence du Procureur de
la commune , à la nomination du tuteur , à peine
contre cet officier de demeurer pareillement refponfable du dommage que le mineur pourroit
éprouver , fans néanmoins qu'il puiffe en être
tenu que fubfidiairement au parent le plus
proche.

30.

Pour procéder à la nomination du tuteur ;
il fera appellé douze parens ou alliés , fi tant

il s'en trouve, favoir les fix plus proches du côté paternel, & les fix plus proches du côté maternel.

3 1.

Les alliés ne font tenus de paroître à ces affemblées, que tant que l'affinité dure, c'eft-à-dire tant que dure le mariage qui a produit l'affinité, ou lorfqu'il exifte des enfans qui en font iffus.

3 2.

S'il n'y a point fix parens ou alliés d'un côté, ceux de l'autre côté feront appellés pour parfaire le nombre de douze; en dégré égal, les plus âgés feront préférés aux moins âgés.

3 3.

A défaut de parens ou alliés du mineur, les amis ou voifins feront appellés à la diligence du procureur de la commune, & pourront être élus tuteurs.

3 4.

Les parens & alliés, ou les amis ou voifins, qui ne fe préfenteront pas fur l'affignation à eux donnée, à perfonne ou domicile, feront réputés préfens, & foumis aux mêmes charges que les autres; ils pourront néanmoins fe faire repréfenter par une perfonne fondée de leur procuration fpéciale.

35.

Le tuteur fera nommé à la pluralité des voix de ceux qui compofent l'affemblée ; en cas d'égalité de fuffrages, le juge de paix renverra au tribunal de diftrict pour décider lequel des tuteurs nommés doit avoir la préférence.

36.

Ceux qui n'auront pas été appellés à l'élection du tuteur, ne pourront être contraints d'accepter la tutèle.

37.

Le juge de paix fera tenu de faire figner l'acte de tutèle par les parens nominateurs ou leurs fondés de procuration fpéciale, à peine de demeurer lui-même garant de la nomination.

38.

Les parens nominateurs feront refponfables de l'infolvabilité des tuteurs par eux élus, & de fa caution s'il en a donné une, difcuffion préalablement faite des biens de l'un & de l'autre.

39.

Ceux même dont l'avis n'auroit pas été fuivi, demeureront refponfables de la geftion du tuteur nommé ; fi ce n'eft qu'ils euffent formé oppofition à la délibération de famille portant nomi-

nation du tuteur, & l'eûſſent fait annuller par ju=
gement, laquelle oppoſition ils ſeront tenus de faire
juger dans un mois au plus tard, à compter de
ladite nomination.

40.

En cas que, ſur l'oppoſition, la nomination ait
été annullée, & qu'il ait été pourvu par le tribunal
de diſtrict d'un autre tuteur au mineur, tous les parens appellés à la nomination, tant ceux qui y
auroient formé oppoſition, que ceux qui ne s'y
ſeroient point oppoſés, demeureront garans de
l'adminiſtration du tuteur qui aura été ſubſtitué
par les juges à celui que la famille avoit nommé.

41.

La garantie n'aura lieu par rapport au tuteur
naturel ou nommé par teſtament, qu'au cas que
les parens appellés pour l'autoriſation dudit tuteur, auroient conſenti à l'autoriſation d'un tuteur notoirement inſolvable, ou auroient négligé
de lui faire donner bonne caution.

42.

La garantie ne ſera point ſolidaire entre les parens, mais aura lieu uniquement pour leur part
& portion; & néanmoins, en cas qu'aucuns d'eux
fûſſent inſolvables, les ſolvables ſeront tenus des
parts des inſolvables, par égale portion.

(137)

43.

Les nominateurs, en procédant à l'élection,
peuvent y appofer pour charge, que le tuteur
rendra compte par bref état tous les ans, & plus
fouvent s'ils jugent à propos.

44.

Après l'examen dudit bref état de compte,
les parens pourront obliger le tuteur d'employer
au profit du mineur les deniers qui feront en fes
mains, ou de les dépofer entre les mains de la
perfonne qu'ils auront choifie.

45.

Pourront auffi les parens employer pour condition de ladite élection, que le tuteur ne pourra
recevoir les rembourfemens de rentes ou autres
capitaux du mineur, ni en faire le remploi, qu'en
préfence de celui ou ceux qu'ils auront commis
pour cet effet.

46.

Les amis ou voifins appellés à défaut de parens pour la nomination du tuteur, ne font jamais garans de fa folvabilité, à moins qu'il n'y
ait de leur part dol ou fraude.

47.

Le mineur devenu majeur, ou fes héritiers, doivent se pourvoir contre le tuteur en reddition de compte dans les trois ans après la tutèle finie, & dénoncer aux parens leur demande ou celle formée par le tuteur pour parvenir à rendre son compte, dans les trois mois à partir du jour de l'une ou l'autre de ces demandes, le tout à peine d'être déchu du recours de garantie contre les parens ; mais l'action principale à fin de compte peut être intentée contre le tuteur pendant 30 ans.

48.

Les furieux & les imbécilles doivent être interdits, & pourvus d'un curateur, qui a la même puissance sur leurs personnes & biens, qu'un tuteur sur ceux de son pupille.

Les prodigues peuvent aussi être interdits de la gestion de leurs biens ; mais seulement à la requête de ceux que la loi oblige de leur fournir des alimens dans leur nécessité, & jusqu'à concurrence desdits alimens.

PLAN

DES LOIX CIVILES.

I. LEs loix civiles font une partie de la morale.

Celle-ci nous montre la route, qu'il faut tenir pour arriver au bonheur qui nous eſt deſtiné, & auquel nous tendons tous invinciblement.

Elle conſiſte dans l'exacte obſervation de nos devoirs

Envers Dieu ,
Envers nous-mêmes ,
Et envers les autres hommes.

Les loix civiles ne s'occupent pas, au moins directement, des deux premières eſpèces de devoirs (ceux envers Dieu & envers nous-mêmes), qui n'ont point un rapport direct à l'ordre extérieur qu'elles ſont chargées de maintenir.

Toute leur attention ſe porte ſur les devoirs de la troiſième claſſe, ceux qui nous lient envers les autres hommes ; & de ceux-là même, elles n'en embraſſent qu'une partie, celle qui a trait préciſément à leur objet.

II. La morale ſous ce troiſième rapport, d'homme à homme, eſt fondée toute entière ſur la ſociété que Dieu a voulu qui exiſtât entre les hommes.

Cette ſociété a trois caractères.

C'eſt d'abord une ſociété d'*égalité*, où chacun n'eſt aſtreint envers les autres qu'aux mêmes devoirs qui les obligent envers lui, & ne peut de ſon côté exiger des autres que ce qu'il eſt déterminé à faire pour eux.

Cette même ſociété eſt *univerſelle*; elle s'étend à tous les hommes ſans exception, quels que ſoient leur pays, leur couleur, leur condition, leur gouvernement, ou leur culte.

Elle eſt *inaltérable*, en ce ſens qu'aucun procédé quel qu'il ſoit, ne peut entraîner ſa diſſolution totale.

Sans doute, la ſociabilité étant d'une obligation réciproque, ceux qui par leur malice rompent le lien de la ſociété, ne ſauroient ſe plaindre raiſonnablement, ſi les offenſés ne les traitent plus comme amis, ou même en viennent contr'eux à des voies de fait.

Mais ſi l'on eſt en droit de ſuſpendre à l'égard d'un ennemi les actes de la bienveillance, il n'eſt jamais permis d'en étouffer le principe. Comme il n'y a que la néceſſité qui nous autoriſe à recourir à la force contre un injuſte aggreſſeur, c'eſt auſſi cette néceſſité qui doit être la règle & la meſure du mal que nous pouvons lui faire; & nous devons toujours être diſpoſés à rentrer en amitié avec lui, dès qu'il nous aura rendu juſtice, & que nous n'aurons plus rien à craindre de sa part.

De ces principes bien conçus, dérivent tous les devoirs auxquels nous sommes assujettis envers les autres hommes.

III. Le premier est de NE LEUR FAIRE AUCUN MAL; c'est le plus bas dégré de la probité humaine; & comme le mal d'autrui, aux yeux de la cupidité ou de la passion, seroit très-souvent une chimère, la morale nous donne pour l'apprécier, une règle peu sujette à erreur, en nous obligeant de regarder comme mal pour les autres, ce qui nous paroîtroit tel pour nous-mêmes : *ne faites point à autrui ce que vous ne voudriez pas qu'on vous fît.*

Ce n'est point assez de ne pas faire du mal aux autres, il faut LEUR FAIRE DU BIEN; & pour nous guider dans la pratique de ce devoir, la morale nous présente encore la même boussole, c'est-à-dire l'amour ardent que nous avons pour nous-mêmes : *faites pour les autres hommes ce que vous voudriez qu'ils fissent pour vous.* (*)

On peut nuire aux autres ou leur être utile en deux manières; ou quant aux biens solides de la vérité, de la vertu, ou quant aux biens périssa-

---

(*) Matth. VII. 12. Luc VI. 31.

bles , mais néceffaires ici-bas , tels que la vie , la fanté , la réputation , la fortune.

La morale nous prefcrit dans ces deux ordres de biens , de procurer l'avantage des autres , autant qu'il nous eft poffible , & d'éviter entièrement ce qui peut les bleffer.

Pour réduire ces notions à des idées plus exactes & plus précifes , la morale examine fur chaque objet , en partant du grand principe de la fociabilité, quels font les droits des individus ,& elle y trouve la règle des devoirs : car ces mots, *droits & devoirs* , font corrélatifs ; les droits des autres nous donnent la proportion de nos devoirs en toutes chofes.

Enfin comme les befoins de la vie nous mettent fréquemment dans le cas de nous lier les uns aux autres par des conventions pofitives , la morale nous impofe une troifième obligation , celle D'ÊTRE FIDÈLES A NOS ENGAGEMENS.

C'eft dans ces trois préceptes que font renfermés tous nos devoirs généraux ou abfolus, d'homme à homme.

IV. Il y a encore des devoirs particuliers , lefquels réfultent des divers états ou relations habituelles qui n'exiftent qu'entre certaines perfonnes, telles que celles de mari & femme , de père & mère & d'enfans , de maître & de domeftiques, de tuteur & de pupille , &c.

Le gouvernement civil eſt un de ces états particuliers, le plus fécond en devoirs ; il lie d'une
manière ſpéciale & la plus étroite, les citoyens à
l'état, & l'état aux citoyens, & ceux-ci les uns
aux autres.

Preſque tous ces engagemens ont cela de commun, qu'on y entre par des conventions, ou au
moins par ſon propre fait.

Je ne vois, à bien dire, qu'une ſeule exception ; celle de l'enfant ou du pupille, que la loi
contraint d'obéir à ſon père ou à ſon tuteur,
ſans qu'il ait conſenti de ſe ſoumettre à leur
puiſſance, & même quand il ne le voudroit pas.
Mais c'eſt en ſa faveur que la loi lui impoſe
cette obligation ; elle eſt toute fondée ſur ſon utilité
perſonnelle, & purement relative au devoir de
protection que la loi impoſe en même tems,
ſoit au père, ſoit au tuteur.

Tous ces engagemens ont pour effet, d'abord
de reſſerrer les liens de la ſociété générale, &
enſuite de produire divers devoirs, appropriés
au genre de relation qui exiſte entre les perſonnes.

V. Tel eſt le plan, l'ordre & l'économie de
toute la morale.

Mais, entre les obligations dont nous venons de
parler, il y a une grande diſtinction à faire.

Les unes font indifpenfablement néceffaires au maintien de la fociété, qui ne peut fubfifter un feul inftant, fi l'on fe permet de les enfreindre ; & en conféquence, dans l'état de nature, chaque individu peut employer la force pour en procurer l'accompliffement. Les jurifconfultes qui ont traité du droit naturel, les appellent par cette raifon, *obligations parfaites & rigoureufes.*

Les autres ne font point néceffaires effentiellement au maintien de la fociété ; elles fervent feulement à la rendre plus floriffante, & fur ce fondement on peut fans doute en réclamer l'obfervation, mais non par la voie de la force. Les jurifconfultes les appellent *obligations imparfaites & de fimple convenance.*

Dans la première claffe eft l'obligation de ne point nuire à autrui, quant aux biens extérieurs, néceffaires à notre exiftence, tels que la vie, les propriétés, &c.

On doit ranger également dans cette claffe ... ation de refpecter fes engagemens, toutes ... fois que les termes de la promelle n'indi- ... ent pas que celui qui promet, n'a voulu contracter qu'un engagement *d'honneur & de confiance.* (*).

___

(*) Voy. dans Puffendorf. *liv.* 3. *ch.* 5. §. 6, quelques exemples de cette efpèce d'engagement.

Dans

(145)

Dans la deuxième classe on peut mettre en
général l'obligation de ne point nuire , quant
aux objets autres que ceux qui viennent d'ê-
tre exprimés , & aussi l'obligation de faire du
bien.

Je dis *en général* ; car il y a un point où ces
devoirs même peuvent être exigés par voie de
contrainte.

Par exemple , chacun est le maître de vivre
en son particulier , comme il juge à propos ;
mais au-dehors , il doit éviter le scandale , &
s'il manque ouvertement à l'honnêteté publique ,
il peut y être ramené par la force , même puni de
l'avoir violée.

De même chacun est libre communément de
faire l'aumône , ou de ne la pas faire ; mais si
quelqu'un , dans un besoin extrême , n'ayant aucun moyen d'y subvenir , se présente à moi pour
me demander du pain , & que je lui en refuse ,
il peut me forcer de lui en donner. C'est le cas de
nécessité où , suivant les jurisconsultes , les droits
imparfaits se convertissent en droits parfaits.

Le mêlange de ces deux sortes d'obligations ,
parfaites & imparfaites , se fait remarquer dans
toutes les parties de la jurisprudence naturelle ;
mais ici l'une des deux espèces d'obligation pré-
domine , & là c'est l'autre.

VI. Ces notions présupposées, il est aisé d'entendre quels font ceux de nos devoirs qui font la matière des loix civiles.

Dans l'état civil, la loi eft fubftituée à la force, qui, dans l'état de nature, étoit le feul moyen de vuider les différends.

Ainfi la loi civile embraffe tous ceux de nos devoirs dont l'accompliffement, dans l'état de nature, pouvoit être exigé par la force, toutes les obligations que nous avons appellées *parfaites* : c'eft là l'objet principal, & , pour ainfi dire, ie fonds du droit civil.

Elle ajoute enfuite à ces premières obligations quelques-unes de celles que nous nommons *impar-faites*, & que, pour le bien de la fociété, elle juge à propos d'élever au rang d'obligations parfaites.

Enfin, pour l'accompliffement des unes & des au-tres, elle crée de nouvelles obligations, elle nous aftreint à des devoirs qui ne font qu'une détermi-nation & un mode d'exécution des loix naturelles.

Voilà tout ce que fait la loi civile ; le code & le digefte, les coutumes & les ordonnances, auffi-bien que les décrets du corps légiflatif, ne con-tiennent rien autre chofe.

Ainfi, relativement au premier devoir, qui eft de ne point nuire à autrui, la loi civile nous preferit de vivre honnêtement, *honeftè vivere*, c'eft-à-dire de ne pas bleffer groffièrement la bienféance (car c'eft-là que fe borne l'honnê-

teté légale), & en même tems de ne porter atteinte à la sûreté, à la liberté, à l'honneur, &
à la propriété de qui que ce soit. Nous avons
vu que par rapport au premier devoir, c'est également
ment dans ce cercle que sont renfermées toutes
nos obligations parfaites & rigoureuses.

Relativement au second devoir, la loi civile
nous astreint à le pratiquer, précisément dans les
mêmes termes que la loi naturelle, c'est-à-dire
quand celui qui réclame notre secours, ne peut
absolument pas s'en passer, ou que nous pouvons
vons l'obliger sans nous faire tort à nous-mêmes,
ce que les jurisconsultes appellent *services d'une*
utilité innocente. Mais ce seroit bien peu faire
pour la société, que de s'en tenir là. Aussi la
loi civile va-t-elle plus loin ; elle exige,
(& c'est-là sur-tout que son action se mani-
feste), elle exige que les citoyens, pour leur
intérêt commun, se rendent un grand nombre
de services, auxquels ils n'ont qu'un droit imparfait, en vertu de la seule loi naturelle. On pourroit en citer mille exemples ; il suffit d'en indiquer
quelques-uns.

Un enfant en bas âge a perdu ses père & mère.
Que deviendra cet être foible, privé de toute
assistance ? Sans doute, l'humanité nous oblige de
venir à son secours; mais ce n'est qu'un devoir
d'humanité, & qui pourroit être négligé par tout

le monde, précisément parce qu'il ne pèse détermi-
némeent sur personne. La loi prend sous sa protection cet orphelin ; elle oblige un citoyen à s'en charger, à lui servir de père, & voilà ce malheureux
enfant souftrait à l'abandon, ses biens garantis du
pillage, son exiftence & son éducation pleinement
affurées : c'eft le chef-d'œuvre de la loi civile.

Il en eft ainfi de tous ceux qui ne peuvent
prendre foin d'eux-mêmes, tels que les imbécilles
& les furieux ; ils trouvent leur fûreté dans la
loi qui devient leur gardienne, &, pour ainfi dire,
leur Providence.

La loi nous impofe des taxes pour le foulage-
ment des pauvres ; elle nous oblige d'affifter dans
leurs befoins ceux de nos parens ou alliés qui
ont avec nous de plus étroites relations.

Suivant les coutumes, lorfque notre voifin bâtit
dans fa maifon, nous fommes obligés de lui *donner
fouffrance* pour le faire, & de lui permettre d'entrer dans la nôtre, même d'y démolir ce qui
eft néceffaire pour parvenir à la conftruction de
la fienne, pourvu qu'il le rétabliffe en diligence.

Suivant les loix romaines, adoptées en ce point
dans notre jurifprudence, celui qui a un héritage enclavé entre ceux de fes voifins, fans aboutir
à un chemin, peut contraindre un de fes voifins de
lui donner paffage pour enlever fes fruits &
exploiter fon héritage, par l'endroit le moins
incommode, en le dédommageant.

L'ordonnance de la marine (*) enjoint à tous les *fujets du roi* de *faire tout devoir* pour fecourir les perfonnes qu'ils verront dans le danger de naufrage ; & les habitans voifins de la mer font tenus, par la même ordonnance (**), de travailler inceffamment à fauver les effets naufragés.

La loi concernant l'organifation de la police municipale (***), punit le refus des fecours & fer-vices, en cas d'incendie ou autres fléaux calami-teux, par une amende du quart de la contribu-tion mobiliaire.

Par-tout nous trouvons dans les loix de ces difpofitions qui nous invitent & nous forcent à la bienfaifance.

Enfin pour ce qui eft des conventions, objet du troifième devoir, toutes celles qui ont été faites dans la vûe de s'obliger autrement que par honneur & par confcience, la loi civile donne une action pour en exiger l'accompliffement.

Elle affûre de même les droits particuliers du mari fur fa femme, & de la femme envers fon mari ; ceux des père & mère fur leurs enfans, & des enfans envers leurs père & mère ; ceux du maître fur fes ferviteurs , & des ferviteurs envers leur maître.

____

(*) *Tit* 9 , *art.* 2.
(**) *Ibid.* art. 8.
(***) *Art.* 17.

Elle établit sur-tout de la manière la plus forte les obligations de l'état envers les citoyens, & celles des citoyens envers l'état, auquel ils doivent tout sacrifier.

Pour forcer les hommes à l'exécution de ces devoirs, ou à la réparation des torts qu'ils peuvent commettre, la loi civile ouvre des tribunaux ; elle institue des genres d'action, appropriés aux manquemens de chacun, suivant qu'il a failli, ou sans intention de mal faire, ou avec une intention de nuire plus ou moins marquée, plus ou moins coupable, & elle prescrit des méthodes pour intenter ces différentes actions.

Voilà le plan, l'ordre & l'enchaînement des loix civiles ; il correspond entièrement à celui des loix naturelles. Nous allons essayer maintenant d'en tracer plus particulièrement le tableau.

CLASSIFICATION
DES LOIX CIVILES.

Déclaration des droits.
Conſtitution.

Ces deux pièces doivent former comme la préface de la
collection des loix civiles ; l'une eſt la loi des légiſlatures , l'autre celle des Conventions elles - mêmes :
elles remplaceront utilement le titre *de regulis juris ,*
qu'on trouve à la fin du Digeſte , & qui ne tient
pas ce qu'il promet.

LOIX CIVILES.

PREMIERE PARTIE.
Des devoirs , & de leur accompliſſement.
SECTION PREMIERE.
Des devoirs abſolus.

PREMIER DEVOIR. *Ne point nuire à autrui.*

De l'honnêteté publique , & du reſpect qui
lui eſt dû.

Des droits des individus , & de la défenſe d'y
porter atteinte.

De la ſûreté.

De la liberté.

De la réputation.

De la propriété , ou des droits que nous avons
ſur les choſes ; détail de ces choſes & de ces droits.

Des droits *dans la chofe*, que les jurifconfultes appellent *droits réels*.

De la poffeffion, & de fes effets.

De la propriété prife dans le fens étroit, ou du droit de domaine, & des manières de l'acquérir.

1°. Des manières d'acquérir par le droit naturel.

De l'occupation.

De la conquête, ou des prifes fur l'ennemi.

De l'acceffion.

De la tradition.

2°. Des manières d'acquérir par le droit civil.

Des fucceffions teftamentaires & *ab inteftat*.

Des adjudications en juftice.

Des prefcriptions.

Comment fe perd le droit de propriété.

Des droits de fervitudes tant perfonnelles que réelles.

Du droit de rente foncière, du champart & des corvées.

Nos loix nouvelles ont refpecté ceux de ces droits qui dérivent d'une conceffion de fonds dûment prouvée, en les grevant feulement d'une rédimibilité perpétuelle.

Du droit d'hypothèque.

Du droit *à la chofe*, en tant qu'il fait partie de notre propriété, & eft fufceptible de léfion de la part des tiers.

Du droit que nous avons fur certaines perfonnes, & que les autres doivent refpecter,

Tel que le droit d'un mari fur fa femme , d'un père fur fes enfans , d'un maître fur fes domeftiques.

De l'état des hommes , en tant qu'il contribue à l'amélioration de leur fort , & peut être attaqué par des tiers.

SECOND DEVOIR. *Faire du bien aux autres , autant que l'exige le maintien de l'ordre focial.*

Il fuffira , fous cette divifion , de pofer les principes ; je n'y vois pas de quoi faire la matière d'aucun chapitre particulier , toutes les difpofitions des loix civiles , relatives à ce deuxième devoir , étant éparfes en divers endroits , ou fe rapportant plus commodément à d'autres titres.

TROISIEME DEVOIR. *Être fidèle à fes engagemens.*

Des contrats en général , & premièrement des contrats intéreffés.

Du contrat de vente , & de ceux qui y ont rapport , échange, donation en paiement, &c.

Du contrat de bail à rente.

Du contrat de conftitution.

Du contrat de change.

Du contrat de louage — des louages maritimes.

Du contrat de fociété.

Des contrats de bienfaifance , & premièrement de la donation entre-vifs.

Du prêt à ufage.

Du précaire.

Du prêt de consomption.

Du dépôt.

Du mandat — de l'engagement de celui qui fait les affaires d'un autre sans en être chargé.

Du nantissement.

Des contrats aléatoires , & principalement du contrat d'assurance, du prêt à la grosse , & du jeu.

SECTION SECONDE.

Des devoirs relatifs.

Du mariage.

Des conventions matrimoniales , & de ce qui doit être observé à défaut de contrat.

Des effets du mariage entre les conjoints — de la puissance maritale.

Des obligations des père & mère envers leurs enfans , & de ceux-ci envers leurs père & mère — de la puissance paternelle.

Des devoirs respectifs des pères & mères & de leurs enfans bâtards.

De la légitimité, de la légitimation, & de l'adoption.

Des parentés & affinités — de l'amitié & du voisinage.

De ceux à qui il est dû des alimens, & en quoi ils consistent.

Des tutèles & curatèles.

Des maîtres & des domestiques.

Des corporations & communautés d'habitans.
Toutes les autres font fupprimées.

Du Gouvernement.

I.

Conftitution , & loix y relatives.

De la divifion du territoire de la république , de
l'état des citoyens , & de leurs affemblées.

Des pouvoirs publics , & de leur diftribution.
Du pouvoir légiflatif.
Du pouvoir exécutif.
Du pouvoir judiciaire.

Il eft impoffible d'entrer ici dans les détails ; on ne les
connoîtra que par la nouvelle conftitution , lorfqu'elle
fera faite & acceptée. J'obferve feulement que quoique la conftitution doive être imprimée , ainfi que la
déclaration des droits , en tête de la collection des
loix Françoifes , on doit la retrouver ici , avec toutes
les loix réglementaires qui lui ferviront de développement ; on pourroit , pour les diftinguer , imprimer
les articles de conftitution en lettres italiques , & les
autres en lettres ordinaires. —— Je renvoie aux titres
fuivans ce qui regarde la force publique , les contributions publiques , & les rapports de la nation Françoife avec les nations étrangères.

I I.

Adminiftration intérieure.

De la police générale de l'état.
De la libre circulation des fubfiftances & autres

denrées ; de leur introduction & de leur exporta-
tion.

Des chemins, rivières, canaux — des ponts &
chauffées.

Des encouragemens donnés à l'agriculture, aux
arts & à l'induftrie.

Des monnoies & des affignats.

De la confervation des forêts.

Des fecours publics, & de la répreffion de la
mendicité.

Des prifons, & des maifons d'arrêt, de juftice,
ou de correction.

De l'inftruction publique.

De la falubrité, de la fûreté, & de la tranquillité publiques.

De la police des villes, & autres lieux habités.

De la police rurale.

I I I.

Finances.

De la dette & de la dépenfe publiques.

Des domaines nationaux.

Des contributions publiques.

Du tréfor public.

De la comptabilité.

I V.

Force publique.

De la garde nationale.

De la gendarmerie nationale.

Des troupes de ligne.

De l'enrôlement du soldat , & de son dégage-
ment — de sa solde.

Des différens grades , & du traitement de chacun — des règles d'admission & d'avancement.

De l'artillerie.

Du génie.

Des places fortes.

De l'administration civile des armées

De la discipline militaire.

V.

Marine.

De la construction des vaisseaux.

De la formation des équipages.

Des différens grades.

Des ports & arsenaux.

De la discipline des armées de mer.

De la marine marchande.

Des colonies & de leurs rapports avec la mé-
tropole.

V I.

Relations de la France avec l'étranger.

Des devoirs à observer envers les autres nations , & de la renonciation à l'esprit de conquête.

Du commerce étranger.

Des causes légitimes de guerre — de ce qui

eſt permis à la guerre, & de ce qui y eſt défendu.

Des traités publics.

Des conventions faites avec l'ennemi pendant la guerre.

Des conventions qui mettent fin à la guerre.

Des ambaſſadeurs.

Les différens titres que je viens d'indiquer, forment par leur enſemble ce que nous pourrons appeller le droit public François. On conçoit que ſur chaque matière, il faudra ſe borner à établir les principes, en écartant toutes les diſpoſitions de pure exécution qui ſont de nature à changer avec les circonſtances. Mais en s'arrêtant à ce point-là même, on ne peut ſe défendre d'une réflexion ; c'eſt que ſur beaucoup d'objets, les principes ne ſont pas encore fixés. Par exemple, ne vient-on pas de réorganiſer l'armée ? Une refonte n'eſt-elle pas annoncée par rapport aux tribunaux ? Les corps adminiſtratifs, les municipalités, le miniſtère, toutes les parties du gouvernement ne vont-elles pas ſubir dans la nouvelle conſtitution des changemens néceſſaires ? Comment dès-lors former une collection de loix qui n'exiſtent pas ? — Je ne dis point qu'il ne faille rien changer ; mais je répète que tant que les changemens ne ſeront pas faits, & les principes poſés irrévoçablement, nous n'aurons pas un corps de loix civiles. J'ajoute qu'il eſt fort inutile qu'un nombreux comité de légiſlation ait l'air de s'en occuper. Ne pourroit-on donc pas détacher de cet immenſe proſpectus quelques chapitres plus importans, tels que ceux que j'ai entrepris de traiter, & encore les hypothèques, les ſaiſies, les contraintes, & généralement tout ce qui regarde la procédure tant civile que criminelle ? Nous gagnerions infiniment à cette antipation qui ne feroit qu'introduire la révolution dans l'ordre civil où elle n'a point pénétré ; & nous ne verrions plus cette intolérable diffonance entre notre état nouveau & nos anciens ufages , entre notre gouvernement & nos loix.

IIe. PARTIE.

Des offenfes & de leur réparation.

SECTION PREMIÈRE.

De la réparation des offenfes purement civiles.

De la réparation des offenfes par l'acte pur & fimple des parties — des effets de la tranfaction & du compromis.

De la réparation par la pure opération de la loi.

De la réparation par la voie des actions , & de leurs différentes efpèces.

De la pourfuite des actions , ou de la procédure civile.

De la procédure ordinaire , depuis la demande jufqu'au jugement definitif inclufivement.

De la procédure particulière à certaines matières & jurifdictions.

Des manières de fe pourvoir contre les jugemens & contre les juges.

De l'exécution des jugemens , & autres titres parés.

SECTION DEUXIÈME.

De la réparation des offenses publiques.

Des délits contre la police municipale, & de leurs peines.

Des délits contre la police correctionnelle, & de leurs peines.

Des délits contre la sûreté publique, & de leurs peines.

De la police de sûreté.

De la forme de procéder dans les tribunaux de police municipale.

De la forme de procéder dans les tribunaux de police correctionnelle.

De la forme de procéder dans les tribunaux de justice criminelle.

De la procédure devant le tribunal de district, & du juré d'accusation.

De la procédure devant le tribunal criminel.

De l'examen & de la conviction.

Du jugement & de l'exécution.

Des contumaces.

De la manière de former le juré d'accusation.

De la manière de former le juré de jugement.

De la procédure particulière aux crimes de faux, banqueroute, concussion, malversation de deniers.

Des délits militaires, de ceux commis par les gens de mer, & de leur répression.

OBSERVATION.

OBSERVATION.

Je viens de tracer le cadre dans lequel je voudrois que l'on renfermât la collection de nos loix civiles. Je sens fort bien qu'il ne conviendra pas à tout le monde ; chacun, en matière d'arrangement, a ses idées & son système particulier. Moi, je préfère celui-ci, comme le seul qui me paroisse conforme à la génération de nos devoirs, & parce qu'il fait véritablement de nos loix un cours de morale, propre non-seulement à éclairer le citoyen sur ses intérêts ; mais à le former & à le rendre meilleur ; ce qui doit être le but principal d'une bonne législation.

J'ajouterai qu'à quelque ordre que l'on s'attache, il sera bon de chiffrer les articles de suite dans chacune des grandes divisions, telles que les parties ou les livres. C'est la méthode que l'on a suivie dans la rédaction de la plûpart de nos coutumes, & qui est adoptée par nos meilleurs auteurs, tels que Ricard, Pothier, &c. Faute de cette méthode, on est obligé, pour citer un article, de rappeller une longue suite de divisions & de subdivisions graduelles ; ce qui, à l'inconvénient nécessaire des longueurs, ajoute fort souvent aussi l'inconvénient plus considérable des méprises. C'est une faute que n'ont point

évitée les reviseurs de la dernière constitution :
& plût à Dieu qu'ils n'en eussent pas commis
d'autre !

De l'Imprimerie de B E L I N , rue Saint - Jacques ,
près Saint-Yves , N°. 27.   1793.

TABLE DES TITRES.

Fin de la Table.